启真馆 出品

大英博物馆的故事（精装本）

物語 大英博物館二五〇年の軌跡

［日］出口保夫◎著 吕理州◎译

ZHEJIANG UNIVERSITY PRESS
浙江大学出版社

图书在版编目（CIP）数据

大英博物馆的故事 /（日）出口保夫著；吕理州译 . —杭州：
浙江大学出版社，2018.8
ISBN 978-7-308-18040-5

Ⅰ.①大… Ⅱ.①出… ②吕… Ⅲ.①博物馆—介绍
—英国 Ⅳ.① G269.561

中国版本图书馆 CIP 数据核字（2018）第 046380 号

大英博物馆的故事

[日] 出口保夫 著 吕理州 译

责任编辑	周红聪
文字编辑	李 卫
责任校对	王 军 陈 翩
装帧设计	李 岩
出版发行	浙江大学出版社
	（杭州天目山路 148 号 邮政编码 310007）
	（网址：http://www.zjupress.com）
排 版	北京大观世纪文化传媒有限公司
印 刷	北京中科印刷有限公司
开 本	880mm×1230mm 1/32
印 张	6.5
字 数	150 千
版 印 次	2018 年 8 月第 1 版 2018 年 8 月第 1 次印刷
书 号	ISBN 978-7-308-18040-5
定 价	48.00 元

汉斯·斯隆
威廉·汉密尔顿
奥古斯都·弗兰克斯
伴随着这些功勋者的名字，一切都从这里开始……

　　成为博物馆的蒙塔古豪邸，南侧面对大罗素街，一进门是座相当大的前庭。宅邸后方拥有广达 7 英亩的庭园，与北侧苍郁的森林和田地连成一片，延伸到汉普斯特德山丘一带，呈现出现在完全无法想象的奢侈自然风光。举世闻名的大英博物馆就在这里诞生。

大英博物馆收藏有 200 件以上写在莎草纸上的亡灵书，其中最著名的便是色彩美丽、人物形象鲜明的汉尼夫亡灵书（下图）。这张亡灵书展示的是塞特斯一世的书记官汉尼夫被阿努比斯带到天秤前称量心脏的情形，由月神托特进行监测。

　　1798年，拿破仑率大军远征埃及，虽然军事上遭遇失败，却在文化上取得了"成功"。1799年7月，大军在尼罗河三角洲上一个称为罗塞塔的港口城镇郊外发现了一块重达762公斤的花岗岩巨石，后来这块巨石成为大英博物馆最具历史性价值的贵重收藏物之一——罗塞塔石碑。

　　大英博物馆的雕刻之中最引人注目的，是罗马大理石雕像《掷铁饼者》，表现的是一位健美的年轻人正在投掷铁饼。这些雕刻品原本出土于希腊西南的阿卡迪亚（Acadia），是公元前 400 年左右的阿波罗神殿的浮雕装饰。

　　大英博物馆内藏有众多古代亚述文物，其中以各种雕塑与浮雕占大多数。上图是从亚述国王沙尔马那塞尔三世的宫殿中挖掘出来的浮雕石板——国王坐在战车上狩猎，呈现出古代亚述的丰饶文明。

　　墨西哥阿兹特克人的双头蛇是15—16世纪留传下来的，这件以青色土耳其石制作的双头蛇据说是为阿兹特克国王而作，象征"支配生命的创造力"。

　　亚述国王沙尔马那塞尔三世的黑色方尖塔上描绘着国王 30 年的功绩，以及近邻以色列来朝贡的场面。以色列王耶户臣服于沙尔马那塞尔三世，每年都带着贡品造访亚述的王宫。

　　极具艺术价值的 "波特兰德壶" 是古代意大利的浮雕容器。在大英博物馆的古代美术品中，它被认为是最优美的收藏品，大约制作于公元前 1 世纪到公元 1 世纪，壶上有精巧的玻璃浮雕。这只壶在 1845 年 2 月被人持刀砍碎，直到当年 9 月才被修复。

　　南太平洋复活节岛上的巨型人像，被称为摩艾石像。这些石像雕刻据说是从公元前 10 世纪到公元 17 世纪制作的。高耸的巨石像现在还竖立在复活节岛上，仿佛俯视着大海的山丘。

目 录

大英博物馆的新生

历史上最古老、最大的博物馆——大英博物馆，经过250年的岁月，现在新生了。这里网罗了世界主要文明，洋溢着神秘与超越时空的气氛。

250 年 的 岁 月

历史上最古老、最大的博物馆——大英博物馆，经过 250 年的岁月，现在新生了。据我们所知，它的变化在过去半世纪中，是最巨大的。走向那个令人想起希腊神殿的壮丽正面玄关，经过微暗的门廊，令人眼前为之一亮的巨大白色前卫艺术空间"大庭院"（Great Court）尽现眼前。试问，有人会不对这超越想象的新旧对比产生深刻的艺术性感动吗？

这样的崭新变化不只限于大庭院周边，阅览室、国王图书馆、启蒙主义展览室，以及过去一直灯光微暗的展示室也变得现代而明亮。此刻，大英博物馆已大胆地脱去旧衣裳，配合 21 世纪的展开而显现新风貌。

创立 250 年的大英博物馆，准确地说，是 1753 年 4 月，于西敏寺（Westminster）议会上，在国王乔治二世的支持下承诺开设的，购买旧蒙塔古公邸[1]，进入开设准备阶段。之后，经过 6 年的筹备期，在

---

[1] 蒙塔古（Montagu，1661—1715）：英国政治家，曾于 1714—1715 年担任首相。

1759 年 1 月正式对外开放。

随着 18 世纪旧馆的老化，现在的大英博物馆曾于 1848 年重建，因此，算起来，具有希腊爱奥尼亚形式[2] 廊柱的这栋建筑物已经经过 150 年历史的铭刻。

在这期间，大英博物馆曾好几次进行内部的增建与修复，但是从没有像这次这么大规模的整馆改修。这次进行的大改修可说是博物馆创设 250 年纪念，同时也是千禧年纪念事业的一环。不过，通过正门坚固的铁门，我站在正面外庭石头铺设的路面上，一眼望去看见雄伟的石造列柱，发现其外貌一点也没变，这让我这样的"旧人类"内心产生些许安定感。巴黎卢浮宫美术馆在前庭建了一座玻璃帷幕外装的大金字塔风格的建筑物，总让我有格格不入之感；如果新的大英博物馆的改造计划也像卢浮宫美术馆那样在外观上产生异样的变化，会令人多么失望呀！

"抢夺来的"的误解

颇负盛名的捷克作家卡雷尔·恰佩克[3] 曾在《英国行旅记》（*Letters from*

大英博物馆的故事

---

[2] 爱奥尼亚（Ionia）：位于小亚细亚西岸，公元前 11 世纪时曾为古希腊文化中心。爱奥尼亚廊柱的特点是比较纤细秀美，柱身有 24 条凹槽，柱头有一对向下的涡卷装饰。由于其优雅高贵的气质，爱奥尼亚廊柱广泛应用于古希腊的建筑中，如雅典卫城的胜利女神神殿（Temple of Athena Nike）和俄瑞克忒翁神殿（Temple of Erechtheum）。

[3] 卡雷尔·恰佩克（Karel Čapek，1890—1938）：20 世纪捷克最有影响力的作家，笔调幽默机智。他最为人所知的可能是科幻小说，现在全世界通用的"机器人"（robot）一词是因他的介绍和推广才广为世人所知。

England）中，针对大英博物馆如此写道：

> 英国很有钱，从全世界收集了很多宝物。英国因为是个不太有创造力的国家，所以努力从外国收集宝物。从雅典卫城（Acropolis）拿来壁面雕刻，从埃及拿来斑岩、花岗岩的巨人像，从亚述拿来浅浮雕，从尤卡坦半岛拿来多节黏土烧的像，从日本拿来微笑佛像、木雕与漆器，以及从各大陆、各殖民地拿来种种艺术品、铁制细工品、纺织品、玻璃制品、花瓶、鼻烟盒、书籍、雕像、绘画、珐琅细工、镶嵌贵金属的书桌、撒拉逊人（Saracen，中世纪欧洲伊斯兰教徒的总称）的剑以及其他种种珍宝，大概全世界稍有价值的东西都被拿到英国来。

这段文章由弗兰克·缪尔在他的著作《不客气的文化志》[4]中引用。不愧为恰佩克，清楚地描述出大英博物馆展品的特征。雅典卫城的壁面雕刻指的是帕台农神殿[5]的大理石雕刻群，埃及的巨人像是公元前 1250 年的拉美西斯二世像，亚述帝国的浅浮雕是尼姆鲁德的宫殿壁面，这些都是大英博物馆所收藏的一流世界遗产。

恰佩克和缪尔都提到"以近似半掠夺的手段取得珍宝，英国因此

---

[4] 弗兰克·缪尔（Frank Muir，1920—1998）：英国喜剧作家，也长年为英国电视和广播如 BBC 撰写剧本。《不客气的文化志》（*An Irreverent Companion to Social History*）（1976）里搜集了许多逸事趣闻和名人语录，并以不同主题如"音乐"和"教育"等予以分类。

[5] 帕台农神殿（Temple of Parthenon）：古希腊女神雅典娜的神殿，建于公元前 5 世纪的雅典卫城。它是现存最重要的古希腊时代的建筑物。

在这方面恶名昭彰"，我虽然没有详细调查，但是我想日本的知识分子之中也有很多人持同样的看法。

大英博物馆有 94 个展示室，馆内藏有 689.5 万件收藏品，目前轮流展示的收藏品总数约 15 万件。这近 700 万件的收藏品分别归属于 10 个部门，其中史前和古代欧洲部门与版画和素描部门分别收藏 250 万件，合计 500 万件。光看这个数字我们就可以明白"大半的收藏品是从旧殖民地抢夺来的"的说法是个误解，因为这些部门的收藏品与旧殖民地没有任何关系。

根据《大英博物馆从 A 到 Z》（*The British Museum A-Z Companion*）这本书所述，书中提到的 500 万件文化遗产大半是个人或财团等捐赠的，或者是博物馆本身的调查团所发掘、发现的，其他的则是以国家预算购买的。

与卢浮宫美术馆的差异

经常与大英博物馆相提并论的有巴黎卢浮宫美术馆，以及圣彼得堡的艾尔米塔什（Ermitazh）美术馆，但是这两座美术馆原先收藏的都是王室宫殿的珍宝，革命之后成为国民的财产而对外开放参观。与以一般民间人士的收藏为基础而成立的大英博物馆相比，其历史过程完全不同。

也因此，大英博物馆没有像卢浮宫美术馆和艾尔米塔什美术馆那样傲视四周的宏伟壮丽宫殿。它的建筑物前身是蒙塔古公爵宅邸，这样的起源反而让人有好感。在我们的印象里，这座建筑物位于大罗素街（Great Russell）极具郊区气息的平民环境中。我很喜欢大英博物馆位于这样的地点。

博物馆的正门一带虽然围着厚重的铁栏杆，但是在寒冷的冬天傍晚一定有烤栗子小贩来到这儿，与气候和附近环境构成一幅贴切的画面。博物馆正门的正前方有一家已经经营一百年以上的酒馆，再往前走，转个弯便是家旧书店。就像巴黎的平民区，路旁也可以看到很多餐厅和咖啡店，门口摆着雅致的桌椅。

若说大英博物馆的周边都是一些杂七杂八的商店，也不尽然。尤其东侧的布鲁姆斯伯里（Bloomsbury）广场一带，矗立着许多十七八世纪的贵族宅邸。19世纪末期到20世纪，许多艺术家、诗人和作家也住在这儿，以女性作家伍尔夫为中心人物的有布鲁姆斯伯里团体[6]，以艾略特为最后一位经营者的文艺出版社"费伯"（Faber and Faber）也在这附近。因而博物馆东侧弥漫着一股浓浓的文化气息，18世纪长满树木与野草的北侧，后来变成伦敦大学的宏伟建筑物，周遭学术氛围浓厚。

我想，参观过巴黎卢浮宫美术馆的人如果也去参观大英博物馆，一定会对两者附近景观的差异感到惊讶。依我看来，英法两大博物馆的差异也象征着两国文化以及国民性的根本差异。以英国来说，首相官邸的建筑物乍看之下也只不过是崇尚庶民风格的乔治王朝时代的普通平民砖瓦建筑。

---

[6] 布鲁姆斯伯里团体（Bloomsbury Group）：英国艺术家、作家和学者的团体，最有名的即是伍尔夫。刚开始时只是个非正式的社团，聚会地点主要在伦敦的布鲁姆斯伯里，所以日后以此地名为名。

面朝杂沓街道的大罗素街而建的大英博物馆，一通过正门，仰望模仿希腊帕台农神殿所建的 45 根柱子以及柱后的殿堂，与其说是感觉壮丽，不如说是心生敬畏。我第一次到这儿参观是在 20 世纪 60 年代初期，之后几乎每年都来，除了前庭外观之外，其他部分与 1848 年罗伯特·斯默克（Robert Smirke）再建的时候相比，完全没有变化。

　　但是现在若你从大英博物馆的正面厅堂踏进内部，就会发现自 2000 年 12 月以来，一楼的中央部分有很大的改变。该处空间的正式称呼是"伊丽莎白二世大庭院"，大庭院是宏大中庭的意思，中庭的中央竖立着具有前卫艺术形式感的巨大白色圆形房屋。参与这座满溢崭新现代艺术感的大庭院建筑设计的是诺曼·福斯特爵士（Sir Norman Foster）。我想任谁都无法想象，如此崭新的风貌乃自原来斯默克设计的壮丽博物馆正面玄关改变而来。这样的意外性正可谓英国风格。

　　　　大庭院变了　　往昔这个宽阔的空间本是拥有超过 1000 万册藏书的书库，书刊摆满了书架。而现在的中央圆形房屋正是 1857 年完成的阅览室。

　　由于有数量庞大的书籍搬迁到 1998 年在圣庞克斯区落成的大英图书馆新馆，因而大英博物馆一楼有四成的空间成为新的展示区。不过阅览室除了功能与藏书的内容有些变动之外，其他完全维持原状。

　　花费 2 亿英镑巨资的大庭院改装，可说是从 19 世纪中期罗伯特·斯默克改建以来最大的改变。对这个改变，2000 年 11 月 26 日出版的《星期天泰晤士报》评论道："给人一种近似敬畏的启示。"这个评论没有夸大之处。

话说以前馆内展示室的配置不一定合理，对参观者来说，有许多不方便的地方。此次大庭院改装之后，出入北侧的展示室或二楼的展示室时就变得便利多了。而且以往虽在正面玄关厅堂有信息服务柜台、纪念品专卖店等设施杂然林立，然而照明有些昏暗。改装之后，庭院的天花板部分采用镶嵌组合式的玻璃天花板，让人有一种巨大空间的开放感。

宽阔的中庭四处摆着桌椅，让参观者能够在这儿休息或用餐。大庭院的名称源自往昔蒙塔古宅邸时代的中庭，参观者得以心情愉悦地在这儿散步。此一宽阔中庭的各处角落，摆着小亚细亚出土的大型狮子大理石像、南太平洋复活节岛摩艾石像[7]或现代雕刻作品等，营造出洋溢艺术氛围的空间。

大庭院中央充满现代艺术感的巨大圆形房屋的内侧，一点也没破坏大阅览室维多利亚时代古老而美好的气氛，这很令人惊叹。

阅览室的魅力

大英博物馆自开放以来，即兼具国家图书馆的功能。图书馆部门的中心便是阅览室。

这个阅览室在世界上独一无二，它拥有圆形屋顶，400组桌椅呈放射状排列，所有的桌椅表面都用蓝色的牛皮包

[7] 摩艾石像（Moai）：或称复活节岛人像。全复活节岛已知有超过600尊石像，多半只有头，但也有不少石像有肩膀、手臂和躯干。摩艾石像的意义至今不明。

覆，令人惊讶的是连书架都铺着牛皮，因为这样才不容易损伤书籍。陈列的主要书籍杂志，包括过期杂志几乎都用皮革包覆。一言以蔽之，此地的阅览室是如此超乎想象的豪华奢侈的知性空间。

而这座华丽宏大的阅览室今天仍旧和往昔一样，开放给博物馆的参观者，可供一般参观者阅览的 10.5 万册书刊排满了周围的书架。

例如参观了中世纪欧洲展品之后，若对中世纪基督教会感兴趣，想要在阅览室参考与修道院有关的书籍，这类书籍在书架上有几十册，可以想拿几册就拿几册，拿到桌上慢慢阅读。

什么样的博物馆能够提供这么方便的服务给一般参观者？

我在 2004 年夏天，像往常一样，坐在老位子上查了一下资料，发现书刊水平相当高。更让我感动的是当我向图书馆员询问复印数据的问题时，对方不但立刻替我复印需要的页数，而且还是免费的。

这个阅览室一直到数年前，也就是大英图书馆迁移到馆外之前，一般参观者是不准进入内部的。但是阅览室整修完成后，所有的限制都取消，任何人都能自由进出。而且不可思议的是，在这个被巨大圆形屋顶包覆的空间内，听不到一点声音，一片静谧。

持续30年往返博物馆的绅士

身处这个令人怀念的静谧气氛中，过去 40 年来的种种记忆顿时苏醒过来。

20 世纪 60 年代初期，有一位老妇人每天坐在我位子附近，桌上堆着好几本书，她一边读书，一边勤奋地写笔记。她的装扮很特殊，令我印象深刻。她看起来像个流浪者，每天背着购物袋来阅览室。

从外表上看来，老妇人应该不是来自幸福的家庭。以她的年龄来说，能够每天来博物馆，生活应该不至于穷困。不过从她奇怪的外表来看（当然以貌取人是不对的），她也不像是个研究学问的人。

有一次，趁她离开座位时，我瞄了一下她桌上堆的书，吓了一跳，桌上堆积如山的书全都是以埃及象形文字写的。

这种奇人在大英博物馆的阅览室绝不稀奇。作家J.S.科利斯（J.S.Collis）曾写过一位和那位老妇人截然不同、穿着正式的绅士，那位绅士将人生的大半花费在此阅览室，他的桌上摆满堆积如山、内容艰涩的书籍，并且拼命地记笔记。J.S.科利斯写道：

那位绅士个子很高，人品高尚，总是坐在通往北侧图书馆小道旁边的座位，桌上堆满书。（中略）那是20世纪20年代的事，之后经过数年，我再去大英博物馆，那个人仍旧从早晨待到晚上闭馆，每天都坐在同样的座位上。

我猜那个人迟早会写出大作。不久，30年代结束，那场可恶的战争降临，大英博物馆也遭受战祸。

那场噩梦般的大战结束，我再前往大英博物馆时，依然看见那位绅士，但是他的头发已经变白，容貌也苍老很多，不过仍未丧失昔日的威严。他仍旧每天一早坐在阅览室同样的座位，读书、写笔记直到夜晚。不知不觉30年过去，他没有发表作品。在这期间，那位绅士不像就业的样子，也不像有钱人。在这30年间他几乎把所有的时间都花在大英博物馆的一个房间内。

（摘录自《费伯的伦敦读本》）

这位绅士持续 30 年往返大英博物馆。虽然有些人花费的时间没有这么长，可是长年往返的人绝不罕见。不少人到大英博物馆只是读书而已（也有人闭眼睡觉）。18 世纪以来，有很多知名人物如马克思、列宁等都曾前来阅览室。

21 世纪的现在，此阅览室的功能完全改变了，往昔那种带有神秘色彩的氛围烟消云散。然而，除了书架上排列的各种书籍之外，阅览室本身完全没有改变；改变的是每一位博物馆的参观者都能进入阅览室。只是，对我这种连续约 40 年往返阅览室的人来说，那个地方是再也不会回来的梦乡。

为什么能够一直免费

这样美好的场所，提供种种方便，而且还收藏着世界文化遗产的大英博物馆，自从开馆以来，完全免费。18 世纪开馆当时，有好几次，不，恐怕有好几十次，有关单位都曾讨论入馆是否收费，不过每次这项提议都被驳回。

世界上有哪一座博物馆、美术馆能够贯彻这个原则？在战后英国国家财政非常困窘的时期，议会曾多次认真地讨论大英博物馆是否收费，但是提案都未成立。我也多次眼见或听闻讨论的经过，反对收费的理由是一旦收费，目前每年 650 万人的参观人数将会减半。

我认为这样的见识很了不起。像美国这样有钱的国家也没让公共博物馆或美术馆免费开放。此外，法国这样伟大的文化国家，现下其卢浮宫美术馆也仍旧收费。

第二次世界大战后，大英博物馆的运营和国家的财政一样很艰难，因而这半个世纪来并没有进行很大的改革。

直到现在，在大英博物馆开设 250 年后开始实施划时代的大改革，而且在这个开馆纪念活动的同时，还加上 2000 年千禧年纪念，因此大英博物馆的改革便加速进行了。

北侧图书馆的搬迁与修改

往昔，阅览室的北侧设有一处叫作"北侧图书馆"的附属图书室。这处图书室即使在白天，灯光也有些昏暗，不习惯的人会感觉怪怪的。它的大小约是阅览室的一半，照明并不充分，总是像处于傍晚时分的暮色中。这里的读者与阅览室比起来，大半是学有专精的学者，因此一般读者待在这儿多少会有压迫感。

本来在阅览室即可申请的特别书籍后来迁移到北侧图书馆，因而很多时候只能在那儿查阅。20 世纪 80 年代起，像我这类研究英国文学史的学者常常需要使用到的历史性综合杂志《绅士杂志》，200 年的过期杂志就放在北侧图书馆的二楼，因而利用这个图书室的机会就多了。

随着大英图书馆的搬迁，北侧图书馆成为空室。2000 年以后，这里改装成大洋洲、拉丁美洲等地的民族资料展示室。

1970 年，由于布鲁姆斯伯里的本馆空间已无法容纳，少数民族的资料大半迁移到了于皮卡迪利区[8]设立的人类博物馆。从那以后，这些文化遗产在本馆内几乎不可能见到。对以世界人类文化的综合博物馆自居的大英博物馆来说，要另外安置民族资料是个伤脑筋的问题。这回随着大英图书馆的搬迁，展示空间大幅增加，这些民族资料总算得以回到原先的本馆，即北侧图书馆与设立在东侧的两间展览室以及大通曼哈顿[9]展览室。

由于大通曼哈顿展览室的设立资金是由同名的美国银行所提供，因此该室收藏的都是北美土著居民的民族资料。

启蒙运动展览室的创设

这次大英博物馆庆祝创立250年与千禧年纪念的大改装之中，与大庭院的设置同样重要的是邻接大庭院东侧的国王图书馆改成启蒙运动展览室。1827年依罗伯特·斯默克的设计所建造的国王图书馆具有新古典主义[10]的精致内装，被称为"全英国最美丽的回廊"。

在花岗岩列柱之间，矗立着宏大的玻璃书架，书架上排列着乔治

14

---

[8]　皮卡迪利（Piccadilly）：位于伦敦中央，很繁华，有许多高级服饰店和高级餐厅。

[9]　大通曼哈顿（Chase Manhattan）：伦敦的银行，设立于1877年，1955年与美国银行合并。

[10]　新古典主义：兴起于18世纪的罗马，并迅速在欧美地区扩展的艺术运动，影响了装饰艺术、建筑、绘画、文学、戏剧和音乐等众多领域。新古典主义一方面源于对巴洛克（Baroque）和洛可可（Rococo）艺术的反动，另一方面则是希望重振古希腊罗马的艺术。换句话说，新古典主义反对华丽的装饰，以简朴的风格为主。

三世所捐赠、往昔收藏在王室图书馆的 11 万册西方古典书籍，地板全是以红木铺设。名为国王图书馆，其实只因是由王室捐赠的图书室，阅览室的读者只要申请就可以阅读这儿的书。

图书馆有条很长的回廊，博物馆经常在这里举行种种活动。在 20 世纪 60 年代，当时英国诗坛闻名的几位诗人曾经多次在这儿办朗诗会。桂冠诗人 C.D. 刘易斯[11]、约翰·贝奇曼（John Betjeman）、丧妻之后失意寡欢的泰德·休斯（Ted Hughes）等人的声音现在仍然清晰地萦绕在参观者的记忆里。三四十位听众席坐在图书馆的地板上，陶醉在夏天傍晚幸福的时刻中。

20 世纪 90 年代后期，在大英图书馆的迁移纪念派对上，我和馆长聊了一会儿。我向馆长表示，很遗憾如此美好的国王图书馆就要消失了。馆长微笑着回答："不用担心，大英图书馆会设立新的展览室，让它重新苏醒。"

数年后，21 世纪的今日，彼时我的担心被证明只是杞人之忧。

新完成的启蒙运动展览室外观与往昔国王图书馆几乎没什么不同。以前书架上王室捐赠的书籍都搬到大英图书馆，取而代之的是约 10 万册以皮革装订的书籍排满在新的书架上。

这 10 万册书籍是从以前西敏寺的下议院图书馆所收藏的图书之中挑出来的，全都是十七八世纪近代启蒙运动时代的智慧遗产。此外，书架上不只有书籍，还展示着十七八世纪从日本、中国、波斯（今伊朗）等地买来的美丽东方陶瓷器与漆器。

---

[11]　C.D. 刘易斯（C.D.Lewis, 1904—1972）：毕业于牛津大学，不仅是诗人，也是推理小说家。

七大领域的展示品

在这个陈列室还排列着红木展示柜。展示柜里的展示品分成七大领域。

一、"创始者收藏品"展示柜

这里可以看到大英博物馆的创始者汉斯·斯隆爵士的珍贵收藏品。

有斯隆搜集的古代鞋子、波斯的天测仪，还有约翰·迪伊博士[12]拥有过的名为"呼唤灵魂之石"的水晶玉以及阿兹特克[13]的黑曜石镜。

还有与斯隆爵士并驾齐驱、在博物馆的草创期搜集古代希腊罗马美术颇有功绩的威廉·汉密尔顿[14]的珍藏品。印有他肖像的圆形浮雕是与他同时代的陶艺家韦奇伍德（Wedgewood）的碧玉陶器作品。

二、"考古学的诞生"展示柜

这里展示旧石器时代的石斧、35万年前的燧石手斧、萨摩斯岛出土的古代罗马壶以及梅里克（Samuel Rush Meyrick）与史密斯（Charles Hamilton Smith）合著的珍贵书籍《古代不列颠岛的民俗》。

三、"自然界"展示柜

这里可以看到斯隆爵士搜集的罕见贝壳、维苏威火山的熔岩与矿

---

[12] 约翰·迪（John Dee，1527—1608）：英国著名数学家、占星学家、神秘学家以及伊丽莎白一世的顾问。

[13] 阿兹特克（Azteca）：13—16世纪的墨西哥王国，1519年被西班牙人所灭。

[14] 威廉·汉密尔顿（William Hamilton，1788—1856）：英国哲学家，著有《形而上学·论理学讲义》

石、古代哺乳动物乳齿象（mastodon）的颚骨、巨象的骨骼以及斯隆爵士所著《牙买加自然史志》的原本。

四、"贸易与发现"展示柜

18世纪末期以探险太平洋诸岛闻名的库克船长带回来的毛利族的民俗艺术品、韦奇伍德制作的反对奴隶贸易运动纪念章（碧玉陶器）。

五、"古代文书"展示柜

这里收藏了很多珍贵的文物，书写在古代莎草纸上的埃及诗、刻有梵文的泥砖、中国的印鉴、刻有巴比伦文字的泥砖、法国考古学家商博良对古代埃及象形文字的解说、底格里斯河出土的硬币等。

六、"宗教与祭祀"展示柜

这个展示柜有17世纪约翰·迪伊博士的魔法对象，如据说从天使那里得到可以看出伊丽莎白一世命运的水晶球、阿兹特克的黑曜石镜、印度的黑天（Krishna）大理石像、刻画基督教仪式"主的祈祷"的戒指、黄金之冠等。

七、"艺术与文明"展示柜

这个展示柜里有梵蒂冈宫殿收藏的拉奥孔（Laokoon）像复制品、佛陀像、朱庇特（Jupiter）铜像、约翰·温克尔曼（Johann Winckelmann，1717—1768）铜版画、约翰·亨宁（John Henning）所制作的帕台农宫殿雕刻群复制品、黑天神木像。

众所周知，这七个部门的展品可说是现在大英博物馆的历史性文物中的代表性收藏。这也是大英博物馆向全世界发出的启蒙运动历史意义的提问。

大英博物馆启蒙运动展览室的主任研究馆员（curator）金·斯隆（Kim Sloan）曾针对启蒙运动的意义，这样下定义："这不是事件；是一种对事情的想法，是对既有价值观的再确认，也是用新方法来探讨新观念。通过理性引导经验主义的方法论，让人们可以更接近知识与普遍的真理，从无知与迷信中解放出来。"

这正是启蒙运动的意义，也是大英博物馆历史性的存在意义。在我们的社会，在所谓的知识分子之中，存在着一种轻视、瞧不起这种思想文化的倾向，如果这些人支配了社会，我们的社会与生活质量就有向下沉沦的危险。

前馆长大卫·威尔逊（David Wilson）说："大英博物馆是蓄积并具体展示人类智慧的场所。"启蒙运动陈列室可说是这一场所的缩影。

十个部门的展示室

2000年大改修的博物馆展示室有94间，此外还有阅览室与克罗教育中心（Clore Education Center）。馆内有至少1000名职员，共有50种通行语言，至少可用60国的语言解说。这94个展示室陈列着十个部门的收藏品，另有调查研究收藏品的科学研究部与负责修理保存的保存科学部。这十个部门分别为：

一、硬币和勋章部门

这个部门拥有世界上最多的硬币和勋章搜集品。有在希腊以弗所发现的公元前 7 世纪、目前发现最古老的金币，在不列颠岛发现的公元 200 年左右的罗马货币，还有公元前 600 年中国春秋时代的布钱，以及世界各地从古代到现代的硬币与纸币。（总数 65 万件）

二、埃及部门

拥有从公元前 4000 年古代埃及到中世纪 12 世纪为止的文物，如王朝时代的巨大石像、木乃伊和各种陪葬品等古代埃及文明的收藏品，为数众多。其规模不亚于埃及的开罗博物馆。（总数 76000 件）

三、民族学部门

美国、非洲、大洋洲和欧洲的一部分地区，主要网罗土著居民的民族文化遗产，被视为全世界最完整的收藏。（总数 30 万件）

四、希腊罗马部门

拥有从希腊的青铜时代（公元前 3000 年到公元前 1100 年左右）到希腊化时代（公元前 323 年到公元前 31 年）的古代石雕和陶器等，以及从公元前 500 年左右到 4 世纪初期，基督教被公认为合法宗教为止的土著宗教文化收藏品，是全世界收藏希腊罗马艺术品最完整之处。（总数 10 万件）

五、日本部门

这是近年新设的部门。从 19 世纪中期奥古斯都·弗兰克斯爵士（Sir Augustus Wollaston Franks）时代起，馆方开始积极搜集从古代到现代的日本工艺品、装饰美术作品、绘画作品等，在这方面是欧洲最完整的搜集。（总数 25000 件）

六、中世纪和近代欧洲部门

拥有从罗马帝国基督教化之后的时代（4 世纪初期）到近代的考古学资料、教会美术作品、希腊正教圣像画，以及中世纪到近代的陶瓷器、时钟等收藏物。收藏的时钟现在还能运转。（总数 35 万件）

七、东方部门

除了日本之外，馆方也收藏整个亚洲从新石器时代到现代的古美术品、雕刻、陶瓷器、绘画作品等，这里的收藏品数量是欧洲最多的。尤其是中国美术品、伊斯兰陶器、印度雕刻等收藏最为丰富，最近韩国古美术收藏品也很引人注目。（总数 142000 件）

八、史前和古代欧洲部门

第二次世界大战后，馆方认为罗马时代不列颠岛的历史文化虽然是地方文化，但其价值丝毫不亚于其他地区，因而积极地收藏其相关文物。此外，欧洲大陆和不列颠岛从石器时代到青铜时代的考古资料也很多。（总数 250 万件）

九、版画和素描部门

除了收藏欧洲文艺复兴巨匠如达·芬奇、米开朗基罗、薄伽丘等人的素描之外，也收藏近代画家的版画，如英国画家约瑟夫·玛罗德·威廉·透纳^[15]的水彩画。这些收藏品大半放在版画和素描展示室，如果有参观者提出申请，馆方会开放参观。（总数 250 万件）

十、古代近东部门

收藏在古代西亚伊斯兰文化圈的遗址所发掘的考古学文物，包括伊朗、伊拉克、巴勒斯坦、叙利亚、约旦、阿拉伯半岛等地从史前时代到 7 世纪左右的文化遗产。收藏数目可以说是世界第一。（总数 282000 件）

大英博物馆全部部门的收藏品总数达 700 万件，称得上是全世界第一。网罗世界主要文明、刻画人类 6000 年历史的这些庞大收藏品，换句话说，是"世界遗产"。在多达 94 间的展示室里，参观者可以自由地看到第一级的历史文化遗产，如果这还不算最让人心满意足的博物馆，还有谁称得上呢？

---

[15] 约瑟夫·玛罗德·威廉·透纳（Joseph Mallord William Turner，1775—1851）：主要作品为《风雨和速度——西部大铁路》，对法国印象派有很大影响。

第一章

创立者汉斯·斯隆

如果当时选择白金汉宫为大英博物馆馆址，那么一定会比目前的博物馆宏伟，但白金汉宫就不会成为皇宫了。历史的选择真有趣。

18世纪下半叶的伦敦

我们来回顾一下距今250年前，大英博物馆创立时伦敦的社会文化情况。当时伦敦人口约70万人，是欧洲人口最多的城市，与同时代中国的北京、日本的江户（东京）并驾齐驱。

17世纪伦敦大火灾（1666年）以来，伦敦市开始重建都市，向西边扩展到"西区"（west end）。政府规定重建的房子和街区全部都必须是石造或砖造，很多新的街区将人行道和车行道分开，也建了许多提高都市舒适性的广场。

大英博物馆附近也有罗素、布鲁姆斯伯里、贝德福德等美丽的广场，街头矗立着以鲸油点燃的街灯，繁华热闹的舰队街和霍尔本街上的商店展示着之前从未有过的精巧商品，店面吊着招牌。这些商店陈列的商品是陶瓷器、玻璃制品、银制食器、印刷精美的书籍、齐彭代尔样式[1]的椅子和华丽家具。20世纪才开始出现的咖啡店，到了18

---

[1] 齐彭代尔（Chippendale，1718—1779）：英国伦敦的家具设计师。作品风格融合了洛可可式和新古典主义。

世纪下半叶光是伦敦就已经超过3000家。这些咖啡店别名"一便士大学",因为在这儿可以获取许多知识和信息,而且消费低廉,对很多因为酗酒而倾家荡产的伦敦市民来说,到咖啡店消费较没有经济上的顾虑,而且可以享受咖啡、红茶和东方神秘的气氛。

纵览18世纪下半叶,就如特里维廉[2]所说,"财富和闲暇广泛地扩展到社会各阶层",当时英国国内享有和平,国民享受着比欧洲大陆任何国家都自由的权利。那是工业革命带来的现代化社会光景。

现代化为伦敦的都市机能带来很大的变革,显著的例子是许多残留各处的中世纪建筑被拆除。21世纪的我们很难想象,对18世纪中期的伦敦市民而言,中世纪的城门和城墙是阴暗而令人讨厌的。

以13世纪即横跨在泰晤士河上的旧伦敦桥来说,桥上有很多商店和民居,由于这些房子越来越多,已经妨碍到马车的交通,因此全部遭到拆除。拆除之后,桥上道路的宽度增加一倍以上,而以往这里即使在白天也一片昏暗,拆除之后则也完全恢复明亮。

启蒙运动的时代

从文化思想上来看,这个时代是启蒙运动的时代。启蒙运动(Enlightenment)的意思,如前章所述,是以"智慧的光芒"照亮人类蒙昧、阴暗之处。伦敦街头变得明亮了,在某种意义上也是启蒙

---

[2] 特里维廉(G.R.Trevelyan,1876—1962):英国历史学家,著有《英国社会史》。

運动了不起的成果之一。

与欧洲大陆各国相比，到 17 世纪为止，英国文化社会在种种层面都是落后的。但是到了 18 世纪中期，工业革命带动经济发展，知性土壤也受到灌溉，洛克、亚当·斯密、大卫·休谟等人的经验主义哲学和社会思想成为启蒙运动的几大支柱。

奠定近代市民社会知性基础的因素之一，是传播知识与信息的图书、期刊出版的繁荣。18 世纪初期，随着政府取消出版物的法律限制，伦敦的印刷出版物暴增。德国的旅行者莫里茨（Karl Philipp Moritz）对英国的印象是：

> 的确，与德国相比，英国的古典著作读者层要广泛得多。在德国，阅读古典著作的人大多限于有学识者，或者中上阶层人士，但是英国国民性作家的著作在各处、被各种阶层的人广泛阅读。
>
> （摘录自特里维廉著《英国社会史》）

在这个知性文化的顶点，有一位平民学者约翰逊博士[3]，他独自完成的《英语词典》是英国第一部正式的英文词典，对知识的普及贡献很大。

此外，在谈及 18 世纪英国时，不能遗漏的是科学技术与医学的进

---

[3] 塞缪尔·约翰逊（Samuel Johnson，1709—1784）：英国史上最有名的文人之一，集评论家、诗人、散文家、传记家等身份于一身。约翰逊花费 9 年时间编出的《英语词典》（A Dictionary of the English Language），为他赢得了文名及博士的头衔。

步，医学的进步尤其惊人。21世纪的前半叶，人口死亡率仍旧很高，到了后半叶就大幅下降。医疗摆脱了迷信与恶习，带来"启蒙运动"时代最好的成果。

大英博物馆的创立者汉斯·斯隆是位在民间开业的医生，这个事实足以象征时代的潮流。

斯隆曾经担任英国女王安妮（1665—1714）的御医，晚年在伦敦郊外切尔西区（Chelsea）购置一座宏伟的庄园宅邸，收藏近8万件的博物资料、历史性文物、手抄本、古硬币等。他在回顾自己精彩一生的同时，也埋首数量庞大的收藏品里，沉醉于学问性冥想中，度过18世纪优雅知性的晚年生活。最后他将收藏品全部捐献给国家。

18世纪是追求"知性高品位"的时代，同时也是追求有益于公共慈善与博爱主义的时代。

实际上的创立者汉斯·斯隆

大英博物馆的实际创立者汉斯·斯隆于1660年4月16日出生于北爱尔兰，父亲亚历山大是苏格兰人。斯隆有七兄弟，他是幺子。北爱尔兰有很多人是苏格兰移民。斯隆的父亲替贵族罗德·克兰吉勃伊管理财务，母亲是温彻斯特大教堂名誉参事会员的女儿。

斯隆从小就拥有旺盛的好奇心与求知欲，并且具有卓越的观察力。在教育上，他接受的是当时地方名门常见的家庭教育。16岁时，他罹患肺病，严重到咳血，经过3年的疗养才终于治愈。《大英博物馆的创始者》的作者爱德华（E. Edwards）针对那时的斯隆如此写道：

> 但是托那场病之福，他明白自己将来适合哪种职业。他的
> 慎重性格以及努力让计划成功的特点因此而强化。从青年期到
> 老年期孜孜不倦的努力，正是他主要的人格特质。

由于这场病，他一生不碰啤酒和葡萄酒，以节制饮食来养生。18
岁时，斯隆赴伦敦，向德国人施塔弗尔斯特学化学和植物学；他也前
往当时开放没多久的切尔西植物园，接受园长瓦兹的指导。他还与以
《植物志》闻名的伟大博物学家约翰·雷（John Ray）、以发现"波义耳
定律"闻名的物理学者罗伯特·波义耳[4]等人交往密切。之后 4 年，
为了成为药剂师，他在伦敦的药剂师会馆就学。但是由于光是在这儿
学习，无法成为正式开业医师，他便远赴法国，进入奥兰治大学念医
学，获得医学学位。之后斯隆又到雷和波义耳两人都曾经念过的蒙彼
利埃大学深造，钻研植物学、药学、解剖学等学科。斯隆 24 岁时回
国，在伦敦的布鲁姆斯伯里街（靠近后来的大英博物馆）开业当医师。

在 17 世纪末的伦敦，所谓的医生大半指的是药剂医师（surgeon
apothecary），很少有医学学位的医师（doctor）。所以斯隆的名气很快
传开，回国后的翌年，他被选为皇家学士院的会员。很少医师拥有如
此丰富的经历，因而他能在很短时间内即当选皇家学士院会员。27 岁
的时候，他成为医学院的特别研究员，从事医学教育。

---

[4] 罗伯特·波义耳（Robert Boyle, 1627—1691）著名的化学家。"波义耳定律"指的是，
当温度一定时，气体的压力 P 与体积 V 乘积为常数，即 $PV=C$。

就如爱德华所说，斯隆"爱财富，更爱学问"。就任何一个层面来说，在即将来临的启蒙运动时代，斯隆都称得上代表性学者。而像斯隆这般医术高超的医生，年收入应该不少于1000英镑，是一般劳工的10倍以上。但是1687年，阿尔比马尔（Albermarle）公爵赴西印度群岛担任牙买加总督时，斯隆接受年薪600英镑的待遇，以侍医的身份随行。斯隆的目的是想到西印度群岛搜集植物、生物等资料。实际上，当时在英国以学术探险为目的，前往海外旅行的只有斯隆一人。斯隆相信以他丰富的博物学知识，必能从西印度群岛带回丰硕的成果。

斯隆在西印度群岛的几个岛屿所进行的学术调查行动中，以在牙买加的收获最大。动物、植物、矿物是他基本的调查项目，此外，从气象学到当地的历史，都是他关注的项目。这可以说是斯隆研究博物学的"播种"时期，但是很不幸，阿尔比马尔公爵于1689年12月突然去世。

翌年5月，汉斯·斯隆带着他搜集的很多博物收藏回到祖国。约翰·雷看了他的收藏后，如此写道：

> 我最初看到他从牙买加和加勒比海诸岛搜集来的植物标本时，非常惊讶。我没想到那些群岛上有这么多种类的植物。

斯隆在回国后的1693年被选为皇家学士院的干事，同时也担任伦敦名校基督医学院的顾问医生。1696年，他总结在西印度群岛的学术调查，出版《植物图鉴》，并且投注精力刊行《学士院纪要》

（*Philosophical Transaction*）。

基于这些学术著作的背景，加上多年研究的成果，斯隆于 1708 年出版《牙买加岛博物志》（*Jamaica Natural History*），立刻赢得国内外的赞誉。不久，巴黎出了翻译本。当时巴黎的铜版印刷技术比伦敦成熟，因此巴黎翻译本所获得的评价比英国版本还高。

捐赠收藏品给国家

1712 年，52 岁的汉斯·斯隆向纽黑文子爵买下伦敦郊外切尔西的宏伟庄园。这座庄园建于 16 世纪，有一座又广阔又漂亮的庭园。

斯隆在布鲁姆斯伯里的私邸已经有堆积如山的收藏品，后来他便将很多收藏品搬到切尔西的豪邸。

斯隆也担任皇室的御医，56 岁时，被授予准男爵（Sir）的头衔。67 岁时，因为牛顿去世，斯隆继之担任皇家学士院院长的要职。1748 年，乔治王子（后来的乔治三世）夫妻驾临切尔西的豪邸参观斯隆的收藏品。

当时斯隆豪邸被称为"博物馆"和"图书馆"，收藏有大量的博物资料和书籍、手抄本。他把博物资料分类收藏在三个房间，图书数据则分类摆在六七个房间。

博物资料除了祖母绿、黄玉、紫水晶、蓝宝石、石榴石、红宝石、钻石等宝石，种种矿石，以及罕见的昆虫类、各式各样的贝壳、珊瑚类标本，也有动物标本，总共 2 万件。

古美术的收藏则有埃及、希腊、罗马、英国、美国、日本等地的文物，总共数千件，各种古硬币有 32000 件，绘画和素描作品也有 300 件。乔治王子看到这些数量庞大的收藏品，说："在英国能够看到这么珍贵的收藏品，真是令人高兴至极。这是国家级的资产，如果能永远成为国家文化遗产，对你来说也是更大的荣耀吧。"

在乔治王子回程后，汉斯·斯隆写下遗书：

> 从幼年起，我即对植物和其他自然物怀有很强烈的探究心，投入许多努力与金钱，经过长期岁月，在我国和众多国家搜集到无数奇物珍品……

这封长遗书最后注明，要将这些贵重的遗产全部捐赠给国家；不过，希望国家能够赠予他两个女儿每人各 1 万英镑。

斯隆没有子嗣继承财产，只有两个女儿塞雅拉和伊丽莎白，分别嫁给乔治·斯达里和卡德甘。他基于对女儿的爱，向政府要了 2 万英镑送给女儿。

斯隆在临死前几年，每天坐着轮椅从这个房间转到另一个房间，查看他一辈子搜集来的文物与书籍。1753 年 1 月 10 日，斯隆因器官衰竭，生命垂危。第二天，即 1 月 11 日，在家人与友人、博物学者乔治·爱德华的围绕下，斯隆与世长辞。他的遗体葬在切尔西旧教堂。

国王的支持与
创设理事会

斯隆爵士去世 16 天后，他的遗书公开了，收藏品中某些特别贵重的物品暂时放在英格兰银行的仓库保管。

1753 年 3 月 19 日，西敏寺召开议会讨论国家是否支付 2 万英镑来接收斯隆在遗书中交代的收藏品，议会最终同意支付。6 月 7 日，议会向国王提出设立大英博物馆的法案，立即获得国王乔治二世的支持。

1753 年 6 月 7 日，国王在饰有皇室纹章的宝座就座，左手边分列着身着正式服装的政府高层官员和康巴兰德公爵等贵族，由书记官颂读法案。法案的内容大致是说，为了有效使用政府获赠的汉斯·斯隆和罗伯特·哈雷（Robert Harley）的手写原稿收藏品，以及科顿图书馆[5]与其他收藏品，应该成立一般展示馆。

国王同意了这项法案，依照英国王室惯例，他以法语说：

这是朕所期望的。

斯隆去世后不到半年，他的遗言得到履行，议会决议付给他两个女儿共 2 万英镑，并接收他的收藏品。

1753 年 12 月，为了筹设大英博物馆召开了理事会。下议院议长、坎特伯雷大主教、皇家学士院院长、法务部长、最高法院院长等知名人士被指名为理事会成员。斯隆爵士去世后，大英博物馆的筹设事宜

---

[5] 科顿（Cotton，1571—1631）：英国考古学家。他搜集了许多古本和书籍，科顿图书馆便是以他的名字命名。

之所以能如此顺利地进行，一方面固然是这批收藏品非常优秀，具有国家级文化遗产的价值；另一方面也可能是斯隆在生前已向相关人士打点过，因而国王乔治二世与王子都很积极地支持大英博物馆的设立。

而英国设立博物馆的计划早在16世纪伊丽莎白时代就已经开始实施，主要是以当时伦敦塔所收藏的王室图书馆为基础，而且已经对外开放一部分。

但是正式以博物馆为名的文化研究机构一直到1677年才出现，牛津大学由伊莱亚斯·阿什莫尔（Elias Ashmole）开设了阿什莫林博物馆（Ashmolean Museum），这可以说是首开先例。

斯隆收藏品的全貌

在此简单地叙述1753年时斯隆收藏品的全貌：

手抄本	3516 册
素描	347 幅
书籍	约 40000 册
干燥树叶标本	334 件
勋章与硬币	32000 枚
古美术品	1125 项
封蜡盖印	268 枚
（玉石、贝壳上的）浮雕	268 件

贵金属矿石	2256 件
玛瑙、碧玉	542 件
水晶类	1864 件
化石类	1274 件
铁矿石类	2725 件
土、砂、岩盐	1035 件
沥青、硫黄类	399 件
滑石、云母	388 件
贝壳	5843 件
珊瑚类	1421 件
海胆化石	659 件
星彩石类	241 件
甲壳类	363 件
石碑	173 件
鱼类标本	1555 件
鸟类标本	1172 件
锁蛇[6]	521 件
哺乳动物标本	1886 件
昆虫标本	5439 件
解剖组织标本	756 件
植物标本	12506 件

---

[6]　锁蛇：制成蛇形的金属链。

杂货类	2096 件
盒装绘画及素描	310 件
计算器	55 个

　　理事会在设立大英博物馆之际，就决定除了汉斯·斯隆的收藏品之外，也要一并收藏颇获好评的罗伯特·科顿爵士的书籍，以及牛津伯爵哈雷的手抄本等收藏品。

　　科顿家族是与王室颇有渊源的名家，从第一代的罗伯特到第三代的托马斯·约翰，连续三代积极搜集贵重书籍、手抄本、原稿，包括《林迪斯法恩福音书》、古诗《贝奥武夫》[7] 的手抄本、有名的《大宪章》现存 4 部中的 2 部，加上价值数十万英镑的古代货币，这些收藏内容丰富，可与斯隆的收藏品平分秋色。它们长期保存在科顿家族的图书室。科顿家族早就想将这些伟大的文献资料贡献给社会。

　　不过，科顿家族之所以允诺献出图书收藏也可以说是理事会挑对时机。理事会开出的条件是通过发行彩票筹资 1 万英镑支付给科顿家族。

以彩票筹措资金

除了这两大收藏品之外，博物馆另外又增加一项贵重的图书资料——哈雷

---

[7] 贝奥武夫（Beowulf）：古老的英雄传奇中最勇猛的战士，同名古诗中记载了贝奥武夫消灭凶暴的食人怪兽格兰德尔的经历。

收藏品，即牛津伯爵罗伯特·哈雷生前搜集的书籍和手抄本。哈雷是辉格党[8]的政治家，担任过首相。哈雷在社会上的名声毁誉参半，但是他拥有高尚的文学品位，被当时的文人笛福[9]、斯威夫特[10]等赞誉为最有德有能的政治家。他搜集的书籍和手抄本多达6000册，其他还有14000件专利权状与500件文卷。特别值得一提的是，这些书籍和手抄本都是由一流的书籍装帧设计师克里斯托弗·查普曼（Christopher Chapman）和托马斯·艾略特（Thomas Elliott）用摩洛哥皮、俄罗斯皮和达斯金皮等豪华皮革装帧。

罗伯特·哈雷搜集的书籍和手抄本由儿子继承后，又增加了4万件庞大的政治传单文件，连那位刻薄的评论家约翰逊大博士都赞不绝口，说"这项收藏品超越了往昔任何图书馆"。

大英博物馆筹设理事会得到议会的支持，决定比照科顿家族，同样付给哈雷家族1万英镑。由于国家预算并不充分，为了获得这三大收藏，议会考虑发行彩票筹措10万英镑的资金。

18世纪40—50年代，英国由于多次与西班牙和法国交战，国家支出颇巨，借发行彩票来筹措资金并不罕见。在泰晤士河上建西敏寺桥和黑衣修士桥（Blackfriars Bridge）时，也是借发行彩票来弥补资金短缺。当时曾有人挪揄西敏寺桥是"愚蠢者的桥"。但是对于设立大英博物馆的计划，大家尊敬有加，没有人说它是"愚蠢者的博物馆"。

---

[8]　辉格（Whig）党（英国）：17—18世纪英国主张民权的政党，提倡议会至上主义，与王权和国教会对抗。自由党的前身。

[9]　笛福（Daniel Defoe，1660—1731）：英国小说家，最有名的著作为《鲁滨孙漂流记》。

[10]　斯威夫特（Jonathan Swift，1667—1745）：爱尔兰作家，讽刺文学大师，最有名的作品是《格列佛游记》。

1 张彩票 3 英镑，就当时而论，买得起这么昂贵彩票的人应该属于富裕阶层，但是 10 万英镑的彩票几乎销售一空，议会最终筹措到 95000 多英镑的资金。或许这可归功于英国人向来就喜欢赌博。但是大英博物馆的设立，光靠国家预算支持是不够的，还必须依赖发行彩票，这是严肃的历史事实。比起今天日本国家预算的一半必须靠国债填补要好多了。

场所的选定

　　大英博物馆在选择展示斯隆、科顿、哈雷三大收藏的展示处和建筑物时面临很大的挑战。

　　理事会曾考虑过下列三个方案：

　　（一）在西敏寺宫殿内新增博物馆；

　　（二）购买白金汉宫；

　　（三）购买并改建蒙塔古豪邸。

　　第一个方案，西敏寺宫殿是现在国会之地，地点上最理想，但是建筑费估计要五六万英镑，实在过于高昂，只好放弃。

　　第二个方案，白金汉宫当时还不是王室的宫殿，是白金汉公爵在伦敦的私邸。但是由于它的购买费用高达 3 万英镑，因此最后也放弃了。

　　结果，蒙塔古豪邸因为只需 1 万英镑，而且又得知还另外加上三分之一的白金汉宫，因此被认为是最适合改建为大英博物馆的地点。

值得一提的是，白金汉宫于 1762 年成为王室所有，改建后于 1775 年成为皇宫。如果当时白金汉宫被选为博物馆，一定会比现在的博物馆还宏伟，即使与卢浮宫美术馆相比也丝毫不逊色。但是白金汉宫因此就不会成为皇宫了，历史的选择真有趣。

就我个人而言，大英博物馆没有设于白金汉宫是好事。如果现在的白金汉宫成为大英博物馆，博物馆就会像是大英帝国的象征。但大英博物馆原本是以一介普通平民汉斯·斯隆的收藏品为基础设立的，因此具有平民风格的地点应可说是最佳的馆址选择。

被考虑为馆址首选的蒙塔古豪邸，价格与场所都很理想，尽管蒙塔古公爵被批评"像黑社会帮派似的赚钱，像绅士般的花钱"。他结过三次婚，第一任妻子是寡妇，第二任妻子是蠢妇，最后一任近似疯妇。总之，蒙塔古公爵声名狼藉。但是 18 世纪欧洲贵族的品行大概都是如此，理事会在选择地点时，并没有考虑个人品行的问题。

蒙塔古公爵在伦敦还有白邸、布鲁姆斯伯里豪邸，在白金汉郡和北安普顿郡也都有宏伟的私邸。卖掉大罗素街的私邸，对他来说丝毫不是问题。

成为博物馆的蒙塔古豪邸，南侧面对大罗素街，一进门是座相当大的前庭，北侧是比前庭大两倍的后庭。在前、后庭中间，是一座四方都是红砖的建筑物，以《佩皮斯日记》闻名的塞缪尔·佩皮斯[11] 写道："全英国都没有这么棒的建筑。"建筑物的本馆是一栋两层楼的建筑，不过还有地下楼和顶楼，所以实际上有四层楼。一楼和二楼是

---

[11] 塞缪尔·佩皮斯（Samuel Pepys，1633—1703）：英国作家，从 1660 年开始书写日记直至 1669 年，对于 17 世纪的伦敦生活有详细记载，如今已成为珍贵史料。

展示室，本馆的左右呈翼状朝东西方展开。

这座建筑物原先是贝德福德王储的私邸，1677 年以皮埃尔·皮奎特（Pierre Paul Puqet）的设计来建造，但是不久就因火灾而烧毁，蒙塔古公爵买下那块地，于 1686 年重建。建后经过 67 年，17 世纪法国样式的建筑物已经相当老旧。

蒙塔古宅邸面对大罗素街的南面，内庭有美丽的科林斯风格[12]柱廊，在正门处，有漂亮的圆屋顶风格八角形楼阁。

本馆内部的中央部分是大厅，有以大理石铺造的美丽台阶，天花板和墙壁饰以法国画家查尔斯·德拉福斯（Charles de la Fosse）以豪华笔触画的酒神巴克斯（Bacchus，即狄俄尼索斯）的祭典、太阳神之子法厄同[13]的神话故事、恺撒凯旋等历史画。佩皮斯描述的本馆是如此富丽堂皇，当初装潢时，一定是想要设计成法国风格。

铺着平板石的前庭虽然不怎么宽广，在本馆后面却有广达 7 英亩的庭园，称为"大庭园"。加上北侧一带尚未都市化，苍郁的森林和田野向北延伸到汉普斯特德山丘一带，呈现着现在完全无法想象的奢侈自然风光。

大英博物馆开馆时，一、二楼展示室只有 24 间。一楼部分主要是收藏斯隆与科顿的书籍，达 10 万册。二楼则以斯隆、科顿、哈雷的手

---

[12] 科林斯（Corinth）：希腊历史名城。公元前 7 世纪，科林斯人发展了科林斯柱。古典建筑中还有爱奥尼柱跟多立克柱，科林斯柱是这三种柱式中最复杂的。它纤细而华丽，柱头上有莨苕叶装饰是其特征，显现出这个古代名城奢华的生活方式。

[13] 法厄同（Phaethon）：希腊神话中太阳神阿波罗的儿子。传说中他向别人夸耀自己是太阳神的儿子，为了证明这一点，他向父亲阿波罗要求驾驭太阳车一天，从东方日出处到西方日落处。但后来因无法驾驭太阳神马车，引起大地的火灾，被宙斯以闪电击死。

抄本为主，博物资料只有6间展示室。当时为了节省费用，有些收藏品是直接使用斯隆和科顿用过的书架或书箱来展示，而新的展示柜和书橱则是红木制作的。这传统持续到现在。

24间展示室收藏的展品分成三大部门。（一）图书部门：10万多册的书籍。（二）自然史部门：植物、生物等标本的博物资料。（三）美术古董部门：大多数的古硬币和纸币，以及希腊罗马时代的壶等文物。

展示室一楼有11间，二楼有13间，参观者在导览员的带领下，以团体方式参观。首先从正面玄关、饰以美丽壁画的阶梯开始行进，按照下列顺序逐室参观。

第1展示室	古代美术
第2展示室	科顿收藏的手抄本
第3、4、5展示室	哈雷收藏的手抄本
第6展示室	货币和勋章
第7展示室	斯隆收藏的手抄本
第8展示室	古代美术
第9展示室	斯隆搜集的矿物标本
第10展示室	斯隆搜集的贝类标本
第11展示室	斯隆搜集的植物、昆虫标本
第12展示室	斯隆搜集的动物标本
第13展示室	古董
第14展示室	哲学研究资料
第15、16展示室	旧皇家图书馆

要详细列出展品的内容有些困难，以斯隆的收藏来说，就有伊朗银制镶嵌天测仪、美国土著居民的彩笼、古代亚述帝国的狗形浮雕石板、阿散蒂（Ashanti）族奴隶的大鼓、35 万年前直立人的旧石器、17 世纪约翰·迪博士用于魔术的水晶球，还有黑脉金斑蝶的标本等引人注目的文物。

尤其是蝴蝶的标本，全世界只发现过这么一只，可以说极其珍贵，这是斯隆以 4000 英镑高价购得的。试想，1 万英镑就可以买下蒙塔古豪邸，4000 英镑是多么惊人的高价呀！现在这件标本不在大英博物馆，1883 年以后就被搬移到自然史博物馆。

另一件有趣的事是斯隆搜集的直立人石器，他购买时原本以为那是古代大象的牙，但是今日的专家经过鉴定，断定其是旧石器时代（50 万年前）的手斧。这件石器现在仍展示于博物馆二楼的史前时代展示室。

除了斯隆的收藏品之外，科顿的第 2 展示室还有著名的《林迪斯法恩福音书》抄本。第 13 展示室的古董品室有 3 件迪博士写上咒术文字、蜡制的魔法圆盘。

但是整体来看，此时三分之二的展示室是书籍和手抄本，而且根据当时的参观者叙述，其他展示室不是塞满展品，就是空空荡荡。

大英博物馆就这样把收藏品分配到一楼及二楼展示室，其中有 10 万册图书资料，为了开放给研究者翻阅，特地将阅览室设在本馆西北侧边缘的地下室。这间阅览室尽管备有辞典等参观书籍，但是空间太小，只能容纳 8 人使用。

第二章

草创期英雄威廉·汉密尔顿

威廉·汉密尔顿爵士收藏的希腊罗马古美术品是大英博物馆开馆以来数量最大的收藏品。英国陶制工艺品之父韦奇伍德（Wedgewood）因此而得到创作灵感，兴起新古典主义潮流。

蒙塔古宅邸周边的风景

大英博物馆自 1753 年筹措创设，至 1759 年正式开馆，经过了整整 6 年的岁月。曾有一位幸运的女性在正式开馆前得以进馆参观。

这位幸运者名叫凯瑟琳·塔博特（Catherine Talbot）。她并没有什么了不起的贡献，只是因馆内工作人员的介绍，得以于 1756 年 8 月进馆。

她在日记中写道：

某天傍晚，我前往即将成为大英博物馆的蒙塔古豪邸。很幸运得以在伦敦参观这么豪华、优雅的学术文物，并且欣赏到雄伟的建筑物与美丽的庭园。馆内收藏着我前所未见的价值不菲的手抄本、版画、古代木乃伊等。（中略）虽然还有两三个房间尚未摆设文物，但是已经有 16 个房间摆满了各类古董文物。

走在洋溢哲学气氛的散步道和植物园，眺望广阔的田园，让人心旷神怡、身心舒畅。

这位女性一定是 18 世纪后半叶时，被称为"长丝袜"的上流社会的仕女。博物馆还没正式开馆时，只有极少数的人被允许入馆参观。

当时伦敦正向西区扩展，这座蒙塔古豪邸的后方，是一片延伸到汉普斯特德和海格特山丘的自然景观，让凯瑟琳·塔博特得以"眺望广阔的田园"，今日实在难以想象当时还存在如此原始的自然风貌。

但是这里不仅是享受大自然风光的所在，18 世纪的绅士也常在此决斗。博物馆后方的这块空地被绅士当作决斗的场所，可见当时还是个古老的时代。

详细的入馆参观规则

1759 年，大英博物馆开馆。馆长是格德温·奈特（Godwin Knight），正式的职称是"图书馆馆长"（principal librarian），这称呼一直沿用到 19 世纪末。格德温·奈特和斯隆一样，都是著名的医生，他发明了当时海军广泛使用的罗盘，有趣的是他还发明了百叶窗。

协助馆长的两位副馆长分别是马修·马蒂（Matthew Maty）和同为医生的查尔斯·莫顿（Charles Morton）。以刻薄闻名的评论家约翰逊博士说，前者是"黑色小狗"，"真想把他丢到泰晤士河"，后者"每天延误工作，几乎没有领导能力，不但迟钝又没有决断力"，而且馆长奈特个性急躁。在约翰逊眼中，博物馆的管理阶层几乎一无是处。

开馆时，大英博物馆的入馆规则如下：

每周一、三、五开放给一般民众参观，但是圣诞节、复活节与万圣节，以及 8 月、9 月两个月，还有劳动日与断食日除外。

想入馆参观的民众请于上午 10 点起到下午 2 点之间，向本馆服务处申请，在名簿上填写姓名和住址。

服务处的处长会检查名簿，如果没有发现异常状况，就会发给入馆证。

（中略）

博物馆参观者必须身体洁净，态度端正，如果违反这些规则，博物馆职员可以拒绝其入馆，并要求其离馆。

10 岁以下的小孩不准入馆。

不能赠予馆员或管理人员金钱。

这是 1759 年开馆时的大英博物馆的入馆规则。以今天的标准来看可以说相当琐碎，要求参观者必须"身体洁净"这一条甚至可以感觉出 18 世纪严谨的社会背景。

1759 年 1 月的开馆

筹备了 6 年的大英博物馆于 1759 年 1 月 15 日正式开馆。除了星期六、星期日外，每天早上 9 点开馆。闭馆的时间刚开始时比较早，是下午 3 点，后来改成 4 点，夏天延长到晚上 8 点。

当初的入馆人数规定最多容纳 75 人，与今日不同的是，入馆需要特别许可证。这是由国会决议的。

参观的规定相当严格，1小时只准许15位以内的参观者入馆，而且每5人分成一组，以团体的方式跟着馆员参观。参观者在馆员的解说下，照顺序——参观24间展示室。

1782年有位来自德国的参观者留下这样的手记：

> 很遗憾，我真正参观的只称得上是房间、玻璃柜与柜橱，而不是博物馆。因为在不到1小时的时间内，匆忙地在很多大房间之间奔波，尽管博物资料、考古资料和关于文学的贵重书籍琳琅满目，却只能走马观花。要仔细观看的话，可能要花上数年，所以在这么短的时间内，要参观数量这么庞大的展示品，参观者无不显得很狼狈、很茫然。

大英博物馆从一开馆就不收入馆费，而且前面也提过，不得赠送金钱给负责引导的馆员。这一原则持续到现在，不过由于每天的参观人数严格限制在75人，就让投机者有可乘之机。

向"黄牛"买入馆证的人

曾有一位参观者于1785年以2先令向"黄牛"购买入馆许可证。约翰·威尔逊的《大英博物馆的历史》[1]中也提到职业"黄

---

[1] 威尔逊（John Dover Wilson, 1881—1969）：除《大英博物馆的历史》一书外，还著有《新莎士比亚》等书。

牛"。当时的 2 先令币值不小，以喝红茶闻名的偕乐园喝一杯茶只需要 2 先令的 1/4。

在一般咖啡馆喝咖啡或红茶只要 1 便士，与此比较，"黄牛"卖的入馆证要价 2 先令（换算成便士的话，是 24 便士）可真是超高价。那位向"黄牛"购买入馆证的参观者留下这样的记录：

> 我无法忘记 1785 年 12 月 7 日星期三上午 11 点发生的事。
>
> ……我们开始快速地移动，我询问我们看到的展品的内容。我们的博物馆引导人，一位个子很高，看起来很温和的馆员仔细地回答：
>
> "什么？你要我说明这座博物馆所有的东西吗？这怎么可能办得到呢？还有很多展品连名称都还没有哩！"我对这个馆员的回答相当错愕，再也说不出话来。才 30 分钟便仓促结束此趟博物馆参观之旅，可是真要仔细参观的话，即使花 30 天也无法看完吧！

10 万册的藏书与阅览方法

开馆时，24 间展示室之中，有 2/3 是图书收藏。前面提到，这些图书收藏是以斯隆爵士的藏书为主，再加上科顿与牛津伯爵哈雷等人的藏书。

这些藏书并非我们所处时代寻常可见的普通装订书籍，而是以豪华皮革装订的，姑且不论内容，书籍本身就是艺术品。与这些珍贵的收藏相比，是有过之而无不及的旧皇室图书馆的藏书，这是由国王乔治二世在开馆前捐赠的。旧皇室图书馆中世纪之前设于伦敦塔，15 世纪爱德华四世以来，书籍的数量逐渐增加，多达 1.1 万册。尤其是在因王政复古，从法国返回祖国的查尔斯二世（Charles II，1630—1685）时代，扩增特别多。他很奢侈，喜欢搜集豪华的书籍。

前章稍有提到，为了利用此超过 10 万册的珍贵大收藏，馆方在博物馆西北方地下室设立了阅览室。虽说是地下室，实则是半地下室的建筑样式，采光不足，而且湿气很重。由读者人数限于 8 人来推断，这个阅览室应该不大，桌上铺着绿色的布。

有鉴于开馆时阅览室狭窄的问题，5 年后馆方又开放邻室充当阅读室。这在 P. R. 哈里斯（P. R. Harris）的《大英博物馆图书馆史》中曾明确提及。

使用阅览室需要申请阅览许可证。以学者与诗人身份闻名的托马斯·格雷[2]是当时剑桥大学的特别研究员，他一听到阅览室开放的消息就马上来了。阅览许可证的有效期限是半年，一次可以借出一本书。

读者如果想阅读某一本书可以填申请表，职员会从地下室取来，放到读者的桌上。在阅览室，这样的借阅申请方式一直持续到现在。

收藏品之中有很多是手抄本，这些手稿并没有很严格的借阅限制。据记载，有个使用者一天便申请 418 张手稿，闹得职员手忙脚乱，叫苦连天。根据记载，这位薪水微薄、工作量却很繁重的职员，听说最后因身体不支累倒而辞去工作。真是悲哀。

---

[2] 托马斯·格雷（Thomas Gray，1716—1771）：英国诗人，剑桥大学学者和教授。最有名的作品是《于乡间墓地写下的哀歌》（Elegy Written in Country Churchyard）。

一楼还好，若要从二楼的数据室找出申请的书籍，然后再送至地下阅览室使用者的桌上，可以说相当耗费体力。尤其与现代书籍不同的是，当时有不少书籍体积庞大。草稿虽然轻，可是即使只有一张，若来回搬送好几十趟，也很吃力。

阅览室虽然规定最多只容纳 8 名使用者，可是只有 1 位服务的职员，真是要把那位职员累坏了；而且使用者看完书后，将之放在桌上即可，这些书必须由职员归位。

阅览室里也摆着一些事典之类的工具书。不过在 18 世纪中期，事典的种类还很少，册数不多，内容也贫乏。开馆时曾造访阅览室的人士，除了前面提到的托马斯·格雷之外，还有以《人性论》闻名的大卫·休谟，毕业于牛津大学、后来成为博物馆部长的考古学者威廉·斯蒂克利（William Stukeley，著有《史前巨石群》（*Stonehenge*）、《理查德一世传》等历史书），以及著名的法律学者威廉·布莱克斯通[3]等国内学者，也有从欧洲大陆的柏林、乌普萨拉（Uppsala）、基尔、斯德哥尔摩等都市远道而来的优秀学者。

一具木乃伊

　　从前述历史可以看出，大英博物馆在开馆之初将重心摆在图书馆部门，这一直持续到 1998 年大英图书馆正式独立并迁至圣庞克斯区

---

[3]　威廉·布莱克斯通（William Blackstone，1723—1780）：英国法律学家，著有《英国法批注》。

为止。

大英博物馆由于入场免费，加上国家提供的资金援助也不充足，其独自购买的藏品与文化遗产自然很少。这是因为开馆时，英国对外战争还有美国独立战争的战后处理问题，英国财政始终很艰难。

当初，最吸引参观者的是放在玄关大厅的 3 只剥制长颈鹿标本，以及希腊罗马古美术品中，荷马和索福克勒斯[4]等人的铜制半身像；埃及的一具木乃伊也颇具人气。1721 年前往埃及的陆军军官威廉·勒蒂利耶（William Lethieullier）将木乃伊和其他埃及的考古学文物一起带回来，发掘地在开罗西南部斯库奥拉。威廉·勒蒂利耶于开馆时将这具木乃伊捐赠给博物馆。

玛乔莉·凯吉尔[5]说，这具勒蒂利耶捐赠的木乃伊是开馆当时最棒的展品。但是她在另一本著作《大英博物馆 250 年》书末的"历代主要捐赠者名簿"里，却没有列出勒蒂利耶的名字。勒蒂利耶去世后，他的儿子将其他埃及的考古学文物，于 1770 年大半捐赠给博物馆。

前面已经提及开馆时斯隆的收藏品概要，令我感兴趣的是这里面是否包含与日本有关的文物。他以前在荷兰的时候，从他的外甥——曾经搭乘荷兰东印度公司的船到日本的探险家肯普弗[6]——手中获得的文物里有日本的工艺品。

---

[4] 索福克勒斯（Sophokles，前 497—前 406）：古希腊三大悲剧诗人之一，最有名作品为《伊迪帕斯王》（Oedipus the King）。

[5] 玛乔莉·凯吉尔（Marjorie Caygill）：历史学者，针对大英博物馆的历史和收藏品写过多部书和许多文章，包括《大英博物馆史》《大英博物馆基本参观指南》《大英博物馆珍宝》等。

[6] 肯普弗（Engelbert Kampfer，1651—1716）：曾到日本江户谒见第五代将军德川纲吉，著有《日本志》。

17 世纪以后，英国和荷兰的东印度公司在日本九州岛的平户开设商馆，并且驻员于堺市和京都等地，购买日本的陶瓷器、漆器、版画和家具等物品，出口到欧洲。在 18 世纪的英国贵族和上流阶层的客厅，日本的工艺品并不少见。

我的手边没有数据可以确定斯隆的收藏品中日本工艺品的数目。威尔逊的《大英博物馆的历史》中虽然列有版画、漆器和陶器等项目，但是为数不多。

威廉·汉密尔顿 其人其事

在大英博物馆的草创时期，贡献最多的是威廉·汉密尔顿爵士（Sir William Hamilton）。他在担任外交使节，滞留意大利那不勒斯的任期内，曾努力搜集古代希腊罗马美术相关的文物，这笔庞大的收藏成为后来博物馆希腊罗马部门的基础。

汉密尔顿是苏格兰名门贵族詹姆斯·汉密尔顿公爵的第三个儿子，出生于 1730 年，青年时期担任陆军士官，并且是当时乔治王子（后来的乔治三世）的贴身侍卫。25 岁时，与彭布罗克郡的望族之女结婚。她带着年收入 5000 英镑的广大土地作为嫁妆下嫁，但是后世的传记作家 E. 爱德华可没说汉密尔顿是因为那笔丰厚的嫁妆才结婚，不止于此，E. 爱德华还说："他们是人间罕见的幸福夫妇。"

1764 年，汉密尔顿 34 岁，被派往那不勒斯担任英国公使，之后成为驻意大使。当时的外交官是闲职，汉密尔顿得以将精力与时间花费在公务以外的地方，而且"英国绅士"汉密尔顿一直觉得自己与那不勒斯外交界的气氛格格不入。

他在家庭教师指导下完成儿时教育，是以自幼便深受家庭教师的熏陶，得以拥有启蒙时代的高雅品位和教养，他对知识充满好奇，涵盖自然科学到美术、考古学，非常广泛。加上年轻时受过军队的训练，身体相当强壮，他在 4 年之间，登爬维苏威火山多达 22 次。

汉密尔顿在科学研究上呈现的最初成果，便是关于维苏威火山的地质学与矿物学的探查。这项成果从 1766 年起的 10 年间持续在英国皇家学士院的《学士院纪要》登出，后来以单行本出版。在这期间，汉密尔顿继续搜集维苏威火山地质和矿物资料，并于 1767 年全部捐赠给大英博物馆。

汉密尔顿的庞大搜集品

对汉密尔顿来说，那不勒斯的社交圈人士全都非常乏味，是以在他的外交官生活当中，结识以研究 18 世纪德国古典主义而闻名的美学家温克尔曼[7]和诗人歌德必然意义非凡。他对古典主义产生兴趣，与这些人的影响不无关系。

汉密尔顿搜集古美术品始于购买那不勒斯富豪波尔蒂纳里家长年收藏的古希腊罗马的壶、雕刻、硬币等。他第一次购买是在 1766 年，

---

[7] 温克尔曼（Johann Joachim Winckelmann，1717—1768）：著有《古代美术史》。

而 6 年后，汉密尔顿的收藏便已多到足以成立博物馆。

汉密尔顿搜集的收藏品不仅数量庞大，而且内容丰富：壶及古瓷类 730 只、陶器 175 件、古代玻璃器 300 件、青铜制的古代铠甲和头盔 627 件、大理石胸像和面具 40 件、象牙细工 150 件、黄金装饰细工 143 件、珠玉等宝石 149 件、古代硬币和勋章约 7000 枚。这些古美术品于 1772 年运到英国，在汉密尔顿的提议下，大英博物馆以 8400 英镑买下全部的收藏品，成为大英博物馆开馆以来数量最大的收藏物。

之后，汉密尔顿于 1777 年成为英国古美术协会（Society of Antiquaries）与古希腊罗马艺术爱好者协会（Society of Dilettanti）的会员，并且与皇家学士院院长约瑟夫·班克斯爵士（Sir Joseph Banks）来往密切。其后 10 年，他依然持续搜集古代希腊罗马美术品，并于 1784 年再次将收藏品捐赠给大英博物馆，其中包括在维苏威火山山麓发现的赫拉克勒斯石像的巨大头部。

当时汉密尔顿还结识了来到那不勒斯、后来对大英博物馆贡献很大的两个人：查尔斯·汤利（Charls Townley）与理查德·佩恩·奈特（Richard Payne Knight）。由于都很热爱希腊罗马的古典艺术之美，三人不久后成了好友。诗人歌德到意大利旅行的时候，特地到英国大使公邸拜访汉密尔顿。这应该不是单纯的礼貌性拜访，而是因为两人同样追求古典美，在心灵上有相通之处。

此外，埃尔金（Elgin）爵士担任奥斯曼帝国大使时，因为被希腊帕台农神殿深深吸引，打算将神殿的雕刻群带回祖国之际，也曾特地来拜访汉密尔顿，因为汉密尔顿经常给埃尔金爵士宝贵的建议。

1791 年，汉密尔顿 61 岁。他担任枢密院顾问，只身回到那不勒斯，与曾担任许多画家模特并且是知名交际花的埃玛结婚。这对夫妻后来与参访那不勒斯的纳尔逊大将[8]往来密切，外界称他们是"三人婚姻"，事实上的确如此。

汉密尔顿晚年因健康不佳，身体很衰弱，他临死前，埃玛被纳尔逊抱着，流着眼泪伏在床沿。这位对美无比热爱的男人，就这样度过 73 年生涯的最后一幕。

汉密尔顿被授予巴斯骑士勋章时曾穿着正式服装绘制肖像画，这幅肖像画后来捐赠给大英博物馆，大英博物馆后来又把它移送到国家肖像馆。

汉密尔顿的庞大收藏当中，比较珍贵的是古代希腊、罗马的壶及古瓮，其中艺术价值最高的是名为"波特兰德壶"[9]的古代意大利制浮雕容器。这只壶发掘于 16 世纪罗马近郊的蒙特·德尔·格拉诺。汉密尔顿以 1000 英镑购得，2 年后，应波特兰德公爵夫人的要求让渡，这是"波特兰德壶"名称的由来。1810 年，波特兰德公爵夫人将此壶捐赠给大英博物馆。汉密尔顿搜集美术品的初期，希腊古瓮有 700 只，其中的逸品是被题为"珀伽索斯（Pegasus）"[10]的赤像式葡萄酒壶，上面绘有诗人荷马弹奏竖琴的图案。这些一般称为"双耳酒罐"（amphora）的葡萄酒容器又分成黑底赤绘的赤像式和赤底黑绘的黑像

---

[8]　纳尔逊大将（H.V.Nelson，1758—1805）：1803 年曾担任英国地中海舰队总司令。
[9]　波特兰德壶：又称"波特兰德花瓶"（Portland Vase）。
[10]　珀伽索斯（Pegasus）：希腊神话中有翅膀的马。宙斯之子柏修斯砍下女怪美杜莎的头时，从女怪的血中生出珀伽索斯。

式两种。赤像式陶器的年代是在公元前 520 年至公元前 350 年之间，黑像式陶器更古老，是在公元前 770 年左右。

　　就如威尔逊在《大英博物馆的历史》中所说，在汉密尔顿之前，大英博物馆的展品是以斯隆爵士的收藏为主，也就是大半为书籍和手抄本；但是自从收藏汉密尔顿的古代希腊罗马美术品之后，展品的内容改变很大。

　　宏观来看，18 世纪文化的潮流，渐渐从启蒙运动演变成追寻希腊罗马古艺术规范的新古典主义。推动这个历史车轮的主要人物除了威廉·汉密尔顿爵士，还有查尔斯·汤利和理查德·佩恩·奈特等人；这时还出现另一位意想不到的人物。

　　威廉·汉密尔顿爵士的希腊罗马美术品收藏，在英国文化界扩展了新古典主义潮流，而斯塔佛德郡的陶艺家韦奇伍德（Josiah Wedgewood，1730—1795）则更加具体地推进了其艺术样式。这两人也是工作上亲密的朋友，在讨论跟大英博物馆的关联之前，必须先稍微介绍韦奇伍德这个人。

　　位于英格兰中部的斯塔佛德郡，自古以来就以制陶的中心地闻名。韦奇伍德是 17 世纪以来连续 4 代的制陶窑主。韦奇伍德出生于伯斯勒姆，1759 年拥有自己的工房，同时得到在古代希腊罗马美术方面造诣很深的托马斯·本特利（Thomas Bentley）的协助。不久他成为有名的陶器公司经营者，1765 年乔治三世的王后夏洛特还颁给他王室御用的名誉头衔。

韦奇伍德成功烧制出之前从未有过的乳白色优美陶器"奶油陶器"（cream ware），同时也成功烧制出后来成为韦奇伍德代名词的硬质碧玉陶器。

韦奇伍德和本特利将 1769 年新建的工厂命名为"伊特鲁里亚"[11]，此名来自古代意大利王国之名，可见他们对古代希腊罗马有多憧憬。

韦奇伍德尝试上万次才烧制成功的碧玉陶器是欧洲以前从未有过的优雅硬质烧陶。同时期完成的黑色玄武岩烧制的陶瓷器，在装饰性和实用性上与碧玉陶器一样都极具独创性。

在茶具、咖啡套装或食器等实用品上，韦奇伍德也试图表现出美丽的风格，以奶油陶器、黑色玄武岩和碧玉等材料为主。但是韦奇伍德将更大的热情投入在装饰用制陶上，不只是英国国内，欧洲大陆的贵族和上流阶层的家庭也广泛使用韦奇伍德的产品。结果，韦奇伍德成功地推广了 18 世纪室内装饰美术的高雅品位。

从收藏品得到灵感

韦奇伍德可说是新古典主义的主要推手，事实上，他在 18 世纪 70 年代以后的设计几乎都是这类样式和风格。从韦奇伍德写给友人的信中，可以看出他的设计精神：

---

[11] 伊特鲁里亚（Etruria）：意大利中北部的古称，其青铜艺术对古代罗马产生了很大影响。

我只是模仿古代遗物的形状，并不完全仿同。我主要是想留下它的样式与精神，或者说，试着留下古代艺术品内容的优雅单纯性。

（摘录自《英国陶制工艺品之父乔塞亚·韦奇伍德》）

这种"优雅单纯性"正是韦奇伍德装饰艺术的核心。他所引为模范的是威廉·汉密尔顿爵士搜集的古代希腊罗马美术品，事实上成为碧玉陶器设计基础的正是汉密尔顿全4册版画集。而忠实地将这些版画集里的古典图案描绘下来的是深具才华的约翰·弗拉克斯曼（John Flaxman）。

韦奇伍德最有名的碧玉陶器是1785年制作的珀伽索斯壶。这件逸品现在仍然摆放在大英博物馆的展示室。

与碧玉陶器同样闻名的，是以黑色玄武岩模造的希腊古瓮。这种材料或许最适合用来模造希腊的古瓮吧。

在这些装饰美术当中，最杰出的是波特兰德壶。

韦奇伍德是在波特兰德公爵夫人将此壶捐赠给大英博物馆前的1786年，向波特兰德公爵借来此壶模造。花了3年时间，韦奇伍德才完成波特兰德壶碧玉陶器。当时画坛大师乔舒亚·雷诺兹爵士（Sir Joshua Reynolds）对这件作品评价很高，他说："这是一件连最微妙的细部都惟妙惟肖的精致仿制品。"

韦奇伍德的古典主义作品有椭圆形浮雕、耳环、大徽章、饰板等各式各样的艺术品，尤其是碧玉陶器饰板的室内装饰更是创新的样式。影响韦奇伍德深远的汉密尔顿爵士曾对他扮演的角色有如下有趣的叙述：

我的古代文物收藏在大英博物馆，多少对形态与装饰的品位推广做出了些许贡献。想到这点，我就觉得无限满足。

　　但是韦奇伍德和本特利等人却是推广此品位潮流不可或缺的人物，经由他们的思考与产业上的创新，英国遍布品位高尚的室内装饰品。不管是过去或未来，我都会给他们极高的评价。

　　（摘录自大卫·欧文（David Irwin）《新古典主义》（Neo-Classicism））

库克船长的捐赠

　　贵族威廉·汉密尔顿爵士和以陶艺致富的乔赛亚·韦奇伍德等人兴起新古典主义的潮流。与此不同的是库克船长（James Cook，1728—1779），他出生于贫穷的杂货店，经过一番努力才从平凡的水兵爬升到船长。库克船长共经历3次太平洋的海军探查旅行，带回丰富的民俗资料，捐赠给大英博物馆作为新的收藏品。这对草创期的大英博物馆意义重大。

　　库克船长担负着在南太平洋广大海域扩张英国势力范围的重大责任，从1769年开始的10年间，他的3次航海探险为国家带回极大收获。与旧时代的探险家和海盗不同的是，库克船长是科学式的观察者。广泛地说，他拥有18世纪启蒙运动者的品位与见识，同时品格高贵、没有私心。

　　他的航海成果包括测量新西兰与澳大利亚的海岸线，以及发现南极大陆的历史性伟业。库克船长3次航海的日志也是宝贵的探险历史记录。

后来成为皇家学士院院长的约瑟夫·班克斯爵士曾参加库克探险队首次航海，他个人不仅带回大量民族资料，还进行后续分类、分析数据的工作。班克斯虽然个性相当顽固，同时代的人对他没什么好评，但是他在充实博物收藏上却有不可磨灭的贡献。班克斯搜集的资料当中有木像的组合品、矛枪、棍棒、网、钓具等种种生活用品。

库克船长带回的少数民族资料主要有澳大利亚土著居民，新西兰毛利族的精致木雕细工、石制和动物骨头制的雕刻、仪式用具等。其中塔希提岛（Tahiti）族长赠送的葬仪用祭服是以银细工和珍珠贝编织成的豪华衣服。除了那件祭服之外，库克船长还带回毛利族的美丽木雕箱，现在是大洋洲地域贵重的第一级民族资料展示品。

虽然大英博物馆的斯隆爵士收藏品当中，包含他个人从牙买加岛探查旅行后带回的少数民族资料，但是库克船长的收藏却可说是大英博物馆开馆以来首次真正可称为民族收藏品的文物。这些收藏品由海军当局献给王室，再由国王乔治三世捐赠给博物馆。

前面已经提过，自开馆之初，大英博物馆入馆就不收费，但是博物馆的资金不足始终是个问题。因此大部分新的收藏品不得不依赖捐赠，博物馆缺乏充分的资金购买收藏品。于是博物馆理事会开始有人提议收取入馆费。这个提议到今天仍在讨论，但是从来没有付诸实施。我认为博物馆理事会和国会审议此案的议员拥有高超的见识，令人敬佩。

八百人军队的驻屯所

18 世纪的伦敦，不像 20 世纪因为持续发生传染病与大火灾而较为动乱。乔治王朝时代比较平稳，但是当国会于1780年通过法案要帮助提升天主教徒的社会地位时，反天主教会急先锋乔治·戈登爵士（George Gordon）起而煽动并引发大动乱，这就是所谓的"戈登动乱"。后来还演变成18世纪最严重的暴动，大英博物馆四周陷入混乱。为了镇压暴徒，大英博物馆的后庭成为八百人军队的驻屯所。

暴动中，很多天主教堂被烧毁、破坏，而且由于抢劫和放火，伦敦市内陷入一片混乱。激烈的暴乱持续数日后，近卫队才出来镇压暴徒。暴动的死亡人数高达850人。

近卫队在大英博物馆的后庭驻屯了将近2个月。在这期间，国王乔治三世曾经来过军营，据说他从后庭眺望，赞叹道："真是美丽的森林！"此外，每天晚上都有很多市民带着温暖的红茶或其他饮料前来劳军。

幸而博物馆并没有因为动乱而遭受直接的灾难，不过为了保护收藏品免遭暴徒破坏，理事会开始讨论设置保安员的必要性。1807年，理事会决定在博物馆的后庭驻守士兵，这项制度持续了半个世纪之久。1863年，驻守的任务改由伦敦市的警察接手。

捐赠莎士比亚像的意义

开馆20年后的1779年，约翰逊大博士的直传弟子，18世纪德鲁里·雷恩剧场的名演员大卫·加里克（David Garrick）将莎士比亚大理石像捐赠给大英博物馆。

加里克从故乡里奇菲尔德（Richfield）来到伦敦的德鲁里·雷恩剧

场表演《理查三世》，大获好评，因此成为莎士比亚剧代表的名演员。当时在伦敦的剧场，谢里登[12]等的风俗剧是主流，很少有机会上演莎士比亚剧，加里克的走红再度掀起莎士比亚剧的热潮。

之后，因为莎士比亚剧的长期上演而致富的加里克获得德鲁里·雷恩剧场的股份，并且在泰晤士河畔的汉普顿庭园附近建盖豪华的私邸。那栋私邸有座宽广的风景庭园，他在那儿盖了一座矗立希腊爱奥尼亚式风格廊柱的莎士比亚神殿。神殿内有一座由法国雕刻家路易·弗朗索瓦·鲁比亚克（Louis-Francois Roubillac）造的170厘米高的莎士比亚立像。这座大理石像据说是以加里克为模特雕刻的。

这位18世纪最杰出的莎士比亚剧演员加里克去世于1779年。他在遗言里要求将莎士比亚像捐赠给大英博物馆。加里克生前常常在博物馆的阅览室写剧本，出于感恩之情，他不仅捐赠莎士比亚立像，还捐了大量与戏剧有关的藏书。

这座莎士比亚立像在博物馆旧馆时代立在正面玄关厅堂，1827年搬移到斯默克所建的华丽的国王图书馆。

到了18世纪末期，大英博物馆在各方面都有了改变，创始者斯隆个人的残影几乎不复存在；两位副馆长马修·马蒂和查尔斯·莫顿变成过去时，新的时代来临了。1799年，约瑟夫·普兰塔（Joseph Planta）担任新馆长。

---

[12] 谢里登（R.B.Sheridan，1751—1816）：英国剧作家，1777年上演的作品《丑闻学校》是他的代表作，是当时的风俗喜剧（comedies of manners，描写和讽刺社会时尚）中数一数二的作品。

第三章

浪漫主义时代与希腊雕刻群

埃尔金伯爵带回的帕台农神殿雕刻，令诗人们惊叹于这些艺术品的美，写下诸多流传至今的名诗。然而，这也招致对他的巨大争议。

法国大革命的余波

18 世纪末到 19 世纪初期，英国社会陷入混乱不安，除了国内的因素之外，还有如历史学家特里维廉所指出的"英国与处于革命以及拿破仑统治下的法国进行 20 年的战争"（《英国社会史》）的原因。长期的对法战争造成英国经济穷困与社会混乱。当然，这也与英国正在进行的工业革命有关，不过怕离题太远，本书不讨论这个问题。

不幸中的大幸是，由于法国社会也一片混乱，欧洲的艺术市场由巴黎移到伦敦，大英博物馆和艺术、美术品的收藏家因此可以容易地搜获优秀的美术品。此外，战争下的女性知识分子开始觉醒，广义上的大众社会来临。这可由当时如雨后春笋般出现的各种期刊得到证明。

对大英博物馆而言，大众化的趋势是好事，因为参观者的人数飞速增加，素质也大幅提高，相应地，对博物馆的要求也更严格。

随着战争的开始，大英博物馆的预算越来越紧缩；而参观者却不断增加。为了提高展览质量，博物馆方面再次考虑收取入馆费。

过去这一提议经常被讨论，但是未曾实现。在新馆长普兰塔主导之下，馆方再次认真研究这项提议，但最后博物馆理事会还是予以驳回。

汤利收藏品的由来

1802 年，大英博物馆在财务困窘的情况下，仍然决定增建具有划时代意义的新馆。

这座新馆主要是收藏并展示查尔斯·汤利在 18 世纪末搜集的收藏品。这是大英博物馆为了收藏品所盖的第一座正式的展示馆。

在汉密尔顿爵士担任那不勒斯公使、积极搜集美术品的时候，查尔斯·汤利也于 1768 年至 1774 年滞留罗马，大量购买古代希腊罗马雕刻品。

汤利家是地方望族，代代都是虔诚的天主教徒，曾于詹姆斯党[1]叛乱之际支持斯图亚特王朝[2]，而被指为"反叛者"。由于成为社会的边缘者，他父亲便让汤利前往天主教国家法国去接受教育。汤利醉心于欧洲大陆天主教文明之美，虽然曾一时回到故乡，但旋即又前往天主教的圣地罗马。这是当时上流社会子弟流行的"壮游"[3]。

这段时期，很多富裕的英国绅士滞留罗马和那不勒斯，当中有不少人对发掘意大利的遗迹很有兴趣。

汤利搜集的古代罗马美术收藏品多是意大利没落的名门贵族售出的，包括在罗马近郊古代皇帝哈德良[4]的宫殿遗迹发掘出来的贵重

---

[1] 詹姆斯党（Jacobites）：1688 年英国"光荣革命"时，有一群人支持逃亡的英王詹姆斯二世及其子孙，他们被统称为詹姆斯（James）派。而 James 的拉丁文是 Jacobus，因此他们又自称为 Jacobites，即詹姆斯党。
[2] 斯图亚特王朝（House of Stuart）：1371—1714 年统治苏格兰以及 1603—1714 年统治英格兰和爱尔兰的王朝。
[3] 壮游（grand tour）：英国贵族子弟完整教育的总结是到欧洲大陆巡回旅行，通常到法国、瑞士、意大利和德国，称之为"壮游"。
[4] 哈德良（P. A. Hadrianus，76—138）：罗马皇帝，生平多次奖励美术和文艺创作，一生充满传奇，统治晚期却成了暴君。

大英博物馆的故事

遗物。汤利归国后，在伦敦的美术古董市场持续搜集罗马美术品。回国后，汤利住在西敏寺公园街的私邸，规模庞大的文物也收藏在此。他 57 岁时加入大英博物馆理事会，到了晚年，他曾考虑将搜集来的希腊罗马美术品全部捐赠给大英博物馆。

但是去世前的 1805 年，汤利突然改变想法，在遗言里嘱咐希望在故乡兰开夏郡建美术馆，将他的收藏品开放参观。汤利去世后，遗族讨论建立美术馆事宜，结果发现建造一座美术馆要花 4500 英镑，根本凑不出这笔钱来，于是反而决议将汤利的收藏品全部卖给大英博物馆。

下院议长、博物馆馆长及当时的首相三人合议，决定由议会提出购买的请愿。

大英博物馆答应接收汤利的收藏品，并支付卖方 2 万英镑。这项提案之所以能快速通过，是因为相关人士意识到汤利的收藏品远比汉密尔顿爵士的收藏品来得有价值。

之后，馆方花费 7500 英镑国家预算，于 1808 年 6 月 3 日完成了汤利收藏品的新展示室。这是大英博物馆首次为展示品建的正式建筑物，大部分是石造，小部分因为经费的关系换成砖造。

1808年的"开馆"与大变化

新馆位于蒙塔古旧馆西北边的空地上，是地上 2 层、含展示室 13 间的建筑。这座建筑物矗立到 1848 年大英博物馆改建，我们现在只能从当时的绘画和设计图得知其全貌。根据这些资料，展示馆有 4 间相当大的展示室，还有

2 间圆形房间。

新的汤利展示馆以细长的走廊与旧馆连接。展示室的雕刻之中最引人注目的是罗马大理石雕像《掷铁饼者》，以及被称为"克雷蒂耶"的大理石女性像。主要用来展示汤利收藏品的新馆，也收藏了其他展品。

主厅里，除了投掷铁饼的大理石像，还展示埃及的雕刻。二楼的展示室里，除了硬币与勋章之外，还有版画与素描等美术品。与此同时，博物馆设立的新的版画和素描部门的藏品，其规模今日已居欧洲首位，有 250 万件。

1808 年，汤利展示馆的开馆参观规定可以说是大英博物馆相当大的改变。在此之前，入馆者必须领取入馆证才能参观，这项规定此时被废除了。星期一到星期四开放给一般参观者，星期五则开放给特别招待者和皇家美术院的学生。一般参观者只需在玄关处签名就可以进馆。但是由博物馆的研究馆员领团参观的规定依旧不变。

1810 年，大英博物馆全面废除旧入馆规定，从星期一到星期五，早上 10 点到下午 4 点的开放时段，参观者都可以自由参观，想待多久就待多久，想看什么就看什么。当时的文艺评论家西德尼·史密斯（Sydney Smith）写道：

> 我昨天在大英博物馆待了 4 个小时，尽情参观。博物馆所有的职员都变得很亲切、热心，我在的时候，参观的民众主要是酒廊女侍……

过去酒廊女侍参观大英博物馆是无法想象的事。或许史密斯参观的时候，恰好遇见一群那个社会阶层的女性；也或许只是因为他自己是庸俗之人，便轻蔑地将普通的女性看成酒廊女侍。

18 世纪末到 19 世纪初，由于很多青年男子上战场，女性开始独立并在社会上活跃，使得博物馆也增加很多女性参观者。但是入馆自由化也带来潜藏的危机。这可由馆长普兰塔在理事会留下的记录窥见一二：

> 根据最近从巴黎归国可靠人士的报告，巴黎的公共展示室发生 2 名英国人士犯罪的事件。我们馆内虽然没有特别严重的事件，但是在两三个月内，还是有 3 件展示品遭损坏。

事实上馆长并非杞人忧天，因为 1845 年，发生了国宝级收藏品波特兰德壶被一位年轻人击碎的事件。

巴赛（Bassae）的大理石雕刻群

前面提到在 19 世纪初，欧洲全面遭受拿破仑战争的威胁；但是 1815 年 6 月威灵顿将军结束战争，欧洲总算恢复和平。事实上在一年前的 1814 年 4 月，拿破仑战败，被放逐到厄尔巴岛时，伦敦市民一听到消息，马上高兴地在市内广场放烟火，庆祝和平的到来。对厌倦了长年战争的伦敦市民来说，和平的到来是多么令人欣喜！

不仅对英国来说是如此，对整个欧洲来说，1815 年也是历史的大转折期。战后处理虽是经济和社会上的大课题，但能大幅减少军费，从文化层面来看依然是好事。这促进了人们丰富情感的释放，增强了民众追求艺术的倾向。

由汉密尔顿爵士和查尔斯·汤利引发的古代希腊罗马美术的风潮依然有增无减。到了 1814 年，大英博物馆已经收藏相当多的巴赛大理石雕刻群，主要是描绘希腊神话中耳熟能详的赫拉克勒斯与亚马孙女战士的战斗[5]，以及拉比泰族与半人马族的战争[6]的小雕刻系列。

这些雕刻品原本出土于希腊西南阿卡迪亚（Acadia），在费格雷亚（Figaleia）阿波罗神殿的墙壁上，是公元前 400 年左右的浮雕装饰。当初由于发掘地是费格雷亚，便被称为"费格雷亚大理石"。我也长年使用这个名称，但是不知何时开始，它又被改称为"巴赛大理石雕刻群"。

费格雷亚的遗迹是在 1811 年由英德调查团发掘的，但早在 1765 年人们就已经知道此遗迹的存在。调查团发现的 23 个小壁雕刻于 1814 年 1 月由约翰·坎贝尔爵士购买。此事经过英国政府的许可，由意大利知名雕刻家安东尼奥·卡诺瓦[7]估价，坎贝尔爵士支付了 15000 英镑。

卡诺瓦认为这项雕刻群的设计性和构图都很杰出，大理石材质的

---

[5]　根据希腊神话，赫拉克勒斯完成的 12 项任务之一就是和亚马孙女战士们战斗并杀死亚马孙女王。

[6]　根据希腊神话，半人马族（Centaurus）住在山中，粗暴而好色，却通晓医学知识与音律。拉比泰族（Lapithai）有次邀请半人马族来参加婚宴，但半人马族喝醉酒，调戏新娘及其他拉比泰族的女性，双方因此而引发战斗。

[7]　安东尼·卡诺瓦（Antonio Canova，1757—1822）：新古典主义代表人物，曾雕刻拿破仑像。

表面虽然有些粗糙，但是却具有古代雕刻的雄浑风格；当时的杂志《绅士杂志》和日报《泰晤士报》都曾详细报道。大英博物馆是在收藏帕台农大理石雕刻群的前年，获得了巴赛古代希腊雕刻，尽管巴赛雕刻的风头后来总是很容易被帕台农大理石雕刻群抢尽，但是巴赛雕刻雄浑的希腊美却永远留在人们心中。

埃尔金伯爵的苦难

在大英博物馆 250 年的历史中，评价最高的收藏品应该是希腊帕台农神殿的大理石雕刻群。这项伟大的世界遗产是在拿破仑帝国没落后的 1816 年，英国以国家经费向埃尔金伯爵购买的，相当于卢浮宫美术馆里米罗的维纳斯像和达·芬奇的《蒙娜丽莎》，是大英博物馆最骄傲的馆藏。

帕台农神殿的雕刻长期以来被称为"埃尔金大理石雕刻群"，现在收藏在馆内西端的杜维恩[8] 展示室。埃尔金伯爵从帕台农神殿带回这件大理石雕刻品的经历，简直就是一出高潮迭起的戏剧。

戏剧的演出者埃尔金伯爵的正式名称是第 7 代埃尔金伯爵，1766 年出生于苏格兰，由于哥哥去世，便由他于 6 岁时继承家系而成为伯爵。在哈罗、西敏寺等公学毕业后，伯爵进入故乡苏格兰的名校圣安德鲁斯大学就读，之后前往巴黎大学继续深造，25 岁成为外交官。

---

[8]　杜维恩（Joseph Duveen，1869—1939）：捐款给大英博物馆修建展示室，这间展示室便以他的名字命名。

1799 年，33 岁的埃尔金伯爵赴君士坦丁堡担任驻土耳其大使。这样的出身与经历很像威廉·汉密尔顿。

当时的奥斯曼土耳其是东欧的大帝国，希腊也在其统治之下。如前所述，在威廉·汉密尔顿的影响下，埃尔金伯爵对希腊的古代美术产生了浓烈的兴趣。

但是 15 世纪以来，许多希腊古都雅典的历史遗迹都被信仰伊斯兰教的土耳其人破坏殆尽。矗立在雅典卫城的帕台农神殿是约公元前 450 年建立的，用来祭祀雅典的守护女神雅典娜。这座神殿经常遭受伊斯兰教徒的掠夺，有一阵子还被充当火药库，后来被废弃而无人闻问。

1801 年，埃尔金伯爵为了记录下这座神殿的实际状况，在雅典募集画家和石膏模造工，他甚至邀请祖国的风景画家威廉·透纳。虽然因为透纳不愿意而作罢，但经由汉密尔顿爵士的介绍，那不勒斯的画家乔凡尼·卢西耶里（Giovanni Lusieri）和伊万诺维奇（Ivanovich）等画家和工匠也加入他的工作行列。

埃尔金伯爵获得土耳其政府让他搬出大理石雕刻群的许可后，便将这些文物用船运回祖国。1803 年，当船要进入地中海的基西拉港时，不幸遭遇风暴，运送船因此沉没。埃尔金伯爵只好自掏腰包，花费 5000 英镑雇请一大批潜水员，花了长达 3 年时间打捞沉入海底的 17 只装货箱。

离婚、俘虏与挑衅诗

埃尔金伯爵的灾难不只如此。在这之后，伯爵便经常陷入经济困境，也与妻子玛丽仳离。离婚的原因并不清楚，推测与经济穷困有关。玛丽的娘家是达灵顿的尼斯贝特家，年收入高达 18000 英镑，可以说是比一般贵族还有钱的富豪，甚至有人说埃尔金伯爵是看中妻子娘家的财产才和她结婚。

除了经济困境之外，埃尔金伯爵还遭逢另一桩悲剧。1803 年 5 月，由于法国撕毁《亚眠条约》[9] 并向英国宣战，埃尔金伯爵不幸被法军俘虏而蹲了 3 年牢。

埃尔金伯爵好不容易被释放出来之后，英国又与土耳其开战，卢西耶里等人不得不离开雅典。幸好战争于 1809 年结束，卢西耶里等人得以重返雅典。第二年，他们便将可以搬运的文物全部装箱，运回英国。

1811 年 4 月 22 日，海德拉号船运送最后一批货箱回国时，独领一代风骚的浪漫派诗人拜伦与卢西耶里同搭此船。

> 所有掠夺彼方那高耸神殿的人当中
> 最后且最恶劣的愚蠢者是谁？
> 知耻吧！加利多尼亚啊！那竟然是你的儿子。

拜伦在《恰尔德·哈洛尔德游记》诗集第二卷中，以希腊和阿尔

---

[9] 《亚眠条约》：1802 年拿破仑战争中，英法在巴黎北部的城市亚眠（Amiens）签订的和平条约。

巴尼亚的历史风土为题材写下这首诗。他偶然和卢西耶里等人搭同一条船，便将心中的义愤寄托于诗。

<table>
<tr><td>

大理石雕刻群的公开展示
</td></tr>
</table>

这卷诗集翌年由伦敦约翰·穆雷出版社出版，拜伦因此一跃而成为时代的宠儿。拜伦诗中虽没有明指埃尔金伯爵，但是却用激烈的言辞（"愚蠢"的"掠夺者"）来指责他，甚至批评他："知道羞耻吧！加利多尼亚啊！""加利多尼亚"是埃尔金伯爵故乡苏格兰的古名。其实拜伦的母亲也是苏格兰贵族，他的体内流着一半苏格兰的血。回国后的埃尔金伯爵对诗集中的指责，始终保持沉默。我们无从得知他的内心想法，不过应该会有稍许别扭吧。

但是妻子去世、财产告罄的他无暇沉溺在感伤中，埃尔金伯爵很快决定将大理石雕刻以 7 万英镑的价格卖给国家。这笔金额相当于到当时为止他投入的全部资金。

但是政府只答应付给 3 万英镑。1807 年以来，这些货箱一直放在他公园路宅邸庭院的大遮雨棚下；后来那座宅邸卖与他人，1811 年在德文郡公邸盖了临时小屋，把货箱暂时搬到那儿存放。埃尔金伯爵要另外支付 1500 英镑的搬运费用。

这些文物放置在临时小屋期间，皇家学士院的画家、院长本杰明·威斯特（Benjamin West）与罗伯特·海登（Robert Haydon）、约翰·法拉库斯曼（John Flaxman）等人勤奋摹绘这些雕刻：阴间女王珀耳塞福涅^[10]、月神塞勒涅^[11]的坐骑的头部、装饰在神殿柱廊上部的小壁雕刻等。罗伯特·海登绘制的素描现在仍收录在《大英博物馆素描目录》里。

1816年8月，帕台农神殿的大理石雕刻群最后敲定以政府开出的价码3万英镑，交给大英博物馆收藏。但是根据当时的《绅士杂志》，舆论普遍认为与其花费如此巨资购买希腊雕刻，还不如将其用在拿破仑战争中为了祖国而受伤的士兵身上。

大英博物馆当时没有展示如此大量美术品的空间，于是决定在汤利展示室新馆旁边，紧急建造一座临时的砖瓦建筑，由当时的新晋建筑师罗伯特·斯默克负责设计。斯默克后来进一步设计了现在的博物馆。

在汤利展示室的西侧空地新建的建筑物，采用新技术，并以钢筋做建材，花了半年就完成了。翌年5月，埃尔金伯爵的大理石雕刻群顺利地搬运到这个临时展示室，并开放给民众参观。这座临时展示室一直使用到1831年，卢西耶里等人模造的石膏雕刻也同时开放参观。埃尔金伯爵的大理石雕刻群首次在临时展示室开放参观时，画家阿奇博尔德·阿彻（Archibald Archer）画下当时大英博物馆的主管者和当时画坛的知名画家，从这张留下的画布里，还可以辨识出15位人物。

画中前排中间并排而坐的是皇家学士院院长本杰明·威斯特与大

---

[10] 珀耳塞福涅（Persephone）：大地女神的独生女，被冥王哈迪斯抢夺为妻。大地女神因失去爱女，无心过问耕耘，令大地失去生机，宙斯只好出面调停，允许珀耳塞福涅回凡间，但是她已经吃了冥界的果实，因此每年冬天她都要回冥界。

[11] 塞勒涅（Selene）：塞勒涅最为人津津乐道的是她与英俊的牧羊人恩底弥翁（Endymion）的恋情。塞勒涅对恩底弥翁一见钟情，便要求宙斯让恩底弥翁不老不死，永远沉睡，这样塞勒涅随时都可以找恩底弥翁同眠。

英博物馆馆长约瑟夫·普兰塔，左端是画家罗伯特·海登，右端是阿彻自己。但是却看不到重要人物埃尔金伯爵。以后世眼光来看，这幅画有严重的缺失。

罗伯特·海登将当时的盛况写在日记中：

> 5月28日（1817年）星期一，共有1200名参观者来看埃尔金大理石雕刻。这是自从博物馆开馆以来从未有过的人数。参观者交头接耳，兴趣浓厚。我们听到两位绅士的对话：一个说"真不简单，没有弄坏"，另一个人说"的确如此"，"栩栩如生，好像还活着一样"。

不过，海登在一年前的日记里却是这样写的：

> 我看了埃尔金伯爵的大理石雕刻群回家后，心情很沉重。我希望这些文物可以运到法国。我们英国人不配拥有这些珍藏，放在这儿只是覆满灰尘，被湿气侵蚀，无法得到艺术家和市民的赞赏，纯粹只是被政府忽视而已。

这是海登在大理石雕刻群放在临时小屋期间写的日记。但后来埃尔金伯爵大理石雕刻群正式被收藏并展出之后，得到意想不到的热烈回响，海登想必松了一口气。他跟埃尔金伯爵私交密切，在大英博物馆筹措收藏大理石雕刻群时，他扮演了相当积极的角色。

约翰·济慈的盛赞

画家罗伯特·海登在埃尔金大理石雕刻群开放参观时，带着一位年轻诗人来参观，这位诗人是 1817 年 3 月才刚出版处女诗集的约翰·济慈。海登慧眼看出新进诗人罕见的才能，他认为以当代的诗人来说，济慈才华仅次于华兹华斯。济慈在画家海登的私邸曾经看过好几张海登素描的大理石雕刻群，深为为感动。

当时伦敦文学界有一位名为李·亨特（James Henry Leigh Hunt）的知名左翼诗人兼新闻记者，包括他在内的几位诗人和艺术家常常在哈姆斯提德的私邸出入，海登便是在那里认识济慈。他发现济慈被左翼思想毒害，出于惜才之情，海登期望能扭转济慈的想法，让他成为华兹华斯那样的正统派诗人。海登希望借由接触希腊的古代美术，让济慈深入认识普遍性的美。

济慈曾在前一年读过乔治·查普曼[12]翻译的荷马史诗《奥德赛》，非常感动。海登在知道此事后，更希望让他直接接触希腊古代美术，便邀诗人去观看埃尔金大理石雕刻群。那是济慈刚出版处女诗集之后的事。济慈首次目睹壮丽的古代形象美，回去之后便将他的感动之情化为下列短诗：

> 我的心太过软弱——注定死亡的命运

---

[12] 乔治·查普曼（George Chapman，1559—1634）：曾翻译荷马史诗，他的译本对之后所有的英语文学产生了极大的影响，济慈便是受到了荷马史诗的启发才写出了很多著名的诗篇。

重重地压着我，让我辗转难眠

由神祇艰难完成的　诗歌高塔

告诉我　我将死的讯息

宛如生病的鹫鹰一样　凝视着天空

但是为了迎接清晨的太阳　吹走让我清爽的白云

向我叹息　没有温柔的奢侈

就那样　朦胧与想象的荣光

在我内心里　带来无法形容的不和

这些惊异　真的带给我目眩的苦涩

那个苦涩　与希腊的雄伟

太古的时间　自然的流动和——波涛汹涌的大海——

太阳——与伟大事物的阴影交织

　　济慈看到大英博物馆里雄伟的帕台农神殿三角楣饰与装饰在神殿墙壁的带状装饰，登时目瞪口呆，惊叹于这些艺术品的美。这惊异带给他"目眩的苦涩"。遗憾的是，这是诗人尚未脱离青涩时写的稚嫩小诗。到了2年后的1819年春天，济慈再度参观博物馆，从那件带状装饰的雕刻得到灵感，写下《希腊古瓮颂》（*Ode on a Grecian Urn*）。若拿这首颂诗与前面的短诗相比，读者就可以看出两者明显的差别。

来到这牺牲之处的人是谁

啊　神秘的司祭啊　你对着蓝空喊叫

在腹部像绢带一样　绑着花饰

是什么样的机缘　让神圣的牝牛被牵到祭坛

触发济慈这首诗灵感的，是 7 号带状装饰上雕刻的前往参加希腊庞提亚祭典的民众和那只要献祭的牛。这件生动的雕刻品带给他强烈的冲击。今天装饰在杜维恩展示室西侧墙 7 号带状装饰的平板下，还附有济慈颂诗一节的铭板。这样的事例在馆内展示室中很少见，可见济慈的颂诗被另眼相看。

取得罗塞塔石碑的经过

进入 19 世纪，除了 1808 年的汤利展示室、1814 年的巴赛大理石雕刻群，还有 1816 年的埃尔金伯爵大理石雕刻群，大英博物馆共收藏了大量希腊罗马古代雕刻，可以说是前所未有的盛况。而且在古代希腊罗马美术方面，这些收藏品也是大英博物馆今日仍旧引以为傲、富有极高艺术价值的展示品。

与古希腊罗马的美术品相比，欧洲人对埃及美术的兴趣一向较薄弱，这现象在英国也不例外。不过拿破仑军队远征埃及却引起了大家对埃及美术的兴趣。从 1798 年到 1799 年，拿破仑的侵略在军事上是失败了，文化上却可以说是大成功。拿破仑派遣 3800 人的军队、175 位考古学家及多位其他领域的专家前往搜集古代埃及的遗物，以及记录遗迹。不过当时带回法国的古代埃及美术，在拿破仑战败后的 1816 年，大部分都归还给了埃及。

拿破仑军队在尼罗河西岸三角洲地带发现了一块重达 762 公斤的花岗岩巨石，让它从此踏上奇妙的命运之路。它今日被称为“罗塞塔石碑”（Rosetta Stone），是大英博物馆最具历史性价值的贵重收藏品之一。法国本来要将罗塞塔石碑带回国，但是因为在英法战争中落败，根据 1801 年签订的《亚历山大条约》，罗塞塔石碑必须交给英国。

这块大花岗岩表面上刻有古代埃及的象形文字。经由法国的埃及学者商博良的解读，这些象形文字确定是公元 205 年，纪念埃及国王托勒密五世[13]登基的法令。伴随着被推定为公元前 4 世纪法老王朝的巨大石棺，罗塞塔石碑以及其他几件考古学文物，一起被运到英国。1802 年，国王乔治三世将这些文物一并捐赠给大英博物馆。对参观者而言，这块罗塞塔石碑是最有魅力的收藏品之一。尽管已经陈旧变黑的花岗岩表面只刻有 3 种文字，看似没有任何艺术性，但是姑且不论它的传奇命运，经由刻在石碑上的文字，我们可能得以解读出埃及古代象形文字。只要想到这会成为古代埃及学的学问基础，就不能不同意它蕴含令人惊异的学术价值。

拉美西斯二世的巨像

大英博物馆在 1816 年取得雄伟的古代埃及美术收藏品，这座巨大花岗岩的人物像，一开始被认为是门农[14]，后来才确定是第 19 王朝的伟大国王拉美西斯二世。

拉美西斯二世在位 67 年，是古代埃及诸王之中最伟大的国王之

---

[13] 托勒密五世（Ptolemy V）：于公元前 204—前 181 年统治埃及。由于给神官特权，神官会议决定在罗塞塔石碑上刻上歌颂国王仁政的文字。

[14] 门农（Memnon）：希腊神话中埃塞俄比亚国王提托诺斯（Tithonus）和黎明女神厄俄斯（Eos）的儿子，在特洛伊战争中，被阿喀琉斯所杀，宙斯因为他母亲非常悲伤，便赐他不死。

一。这座巨像原本放在一座叫作拉美塞姆的古代祭殿里，由瑞士探险家布尔克哈特（Jean-Louis Burckhardt）与英国驻埃及领事亨利·索尔特（Henry Salt）搜集到英国。这座巨像高达 2.67 米，由于是沉重的花岗岩所造，在只能依靠人力的时代，要搬运到展示室可以说工程浩大。而且当时博物馆的理事会成员只被希腊罗马的美术品所吸引，对索尔特搜集的埃及遗产反应冷淡。结果，据说很多索尔特的收藏都捐给了卢浮宫美术馆和伦敦的约翰逊爵士博物馆。

但是对于 1818 年正准备离开英国前往意大利的浪漫派诗人雪莱来说，在 1817 年夏天去参观大英博物馆时，引发他诗兴灵感的不是希腊罗马的雕刻群，而是这座咖啡红的拉美西斯二世巨像。或许这也暗示雪莱脱离济慈正统派诗风的志向。

> 我遇见来自古国埃及的旅人，
> 那人说，在沙漠矗立着失去身躯、巨大的两只石脚，
> 在那附近还有一张半埋在沙里的脸，神情严肃，
> 它那带着皱纹的嘴唇，冷酷嘲笑令人感到压力的表情，
> 述说这个雕刻家熟知这些激情，这些刻在没有生命的石头上
> 模仿这些激情的手，如今比支撑他们生命的心脏还要长久
留存。
> 在台座上面，还可以看到这样的话，
> "我的名字是奥吉曼狄亚，是王中之王，你们（伟大的众神）啊，看看我的所作所为，并绝望吧！"
> 此外什么都没留下。
> 在这巨大废墟残骸的周遭只有无限宽广平坦的沙漠，

上面没有草木覆盖，孤单向遥远的彼方无尽延伸。

　　雪莱的这首短诗《奥西曼提斯》（*Ozymandias*）比济慈看到埃尔金大理石群时写的短诗，显示出更深沉的历史情感。这巨大的拉美西斯二世花岗岩座像于 1816 年，由贝尔佐尼（Giovanni-Battista Belzoni）在亨利·索尔特的授意下运回英国。超过 7 吨重的巨像，的确足以激发诗人的想象力。

乔治三世捐赠藏书

　　浪漫派时代即将进入尾声时，雪莱写了一首短诗《1819 年》，批评乔治三世为"濒死前的瞎眼王"；乔治三世于翌年 1820 年 1 月底去世。乔治三世虽因独立战争失败而失去美国，因而被嘲笑为"愚蠢之王"，可是他相当有教养，喜好读书，对文化有深入的理解。

　　乔治三世虽然生有七男六女，但是偏偏每个人都不成器。乔治三世晚年时因此身心俱疲，不但精神异常，甚至还失明。但是他的个性却非常诚实、善良：据说某天早晨，他出外散步，有个老人想要偷他的财物不慎被他发觉，他基于恻隐之心，不但没处罚老人还把银表送给对方。

　　乔治三世长达 60 年的在位期，刚好是大英博物馆的草创期。他经常捐赠贵重的文物给博物馆，如罗塞塔石碑。他去世后，由他的放荡儿摄政登基成为乔治四世。为了"缅怀父王的遗德"，乔治四世将收藏在白金汉宫八角形图书馆的 65000 册书籍和 19000 册未装订本，以及

450 张手稿捐赠给大英博物馆。

曾经参观过王室图书馆的约翰逊博士还说："从未见过有人可以收藏这么多杰出的书籍。"乔治三世的藏书总共有 8 万本，这些书极其豪华与稀有，我去国王图书馆时，曾数次仔细参观过，所以非常清楚约翰逊博士的感慨。

乔治三世不愧为启蒙时代的人，他不仅熟读英国和欧洲大陆的文学作品，学识领域还遍及科学、数学、历史、美术、建筑、音乐等。他还能说法文、德文、意大利文等多国语言，也很热心赞助文艺活动。1764 年，乔治三世邀请 8 岁的莫扎特到宫殿演奏音乐，他也曾给予卢梭年金。

帮国王搜集这些藏书的是曾担任威尼斯公使的约瑟夫·史密斯（Joseph Smith）、收藏家詹姆斯·威斯特（James West）、古典学者安东尼·艾斯丘（Anthony Askew）以及剑桥大学副校长理查德·法默（Richard Farmer）4 个人。

史密斯负责购买意大利的古典书籍。尽管他除了书名之外，对书的内容一无所知，但是他购买的都是白羊皮装订的精装本。詹姆斯·威斯特主要是搜集历史相关书籍，但也包括很多卡克斯顿时代的贵重初版书。安东尼·艾斯丘搜集手稿类。理查德·法默常与约翰逊博士交游，他搜集很多英国文学尤其是与莎士比亚有关的书籍。

在捐赠这些收藏品的时候，乔治四世虽然说是为了"缅怀父王的遗德"，却向当时的首相开口要求好几万英镑，另外也有传闻说他想以 18 万英镑的巨额将藏书卖给俄国沙皇。他真是不折不扣的败家子。

如前所述，大英博物馆旧馆展示室的三分之二已经用来收藏斯隆爵士和乔治二世皇家图书馆的书籍，所以已经没有空间放置乔治三世的藏书。同一时期，佩恩・奈特爵士也捐赠了法国风景画家克劳德・洛兰（Claude Lorrain）的画作，再加上书籍、素描、青铜像、硬币等文物，馆方开始计划增设新的展示室。

佩恩・奈特多才多艺，传记作家 E. 爱德华说他是"考古学者也是哲学家、诗人、评论家、政治家，同时在艺术品位上具有绝对的权威"。他出生于 1748 年，是大地主的长子，当时上流社会的子弟流行到欧洲大陆旅行以完成大学教育，他也不例外。他花了六七年逗留在意大利和其他欧洲国家，同时学习希腊罗马的古典美术；当时他与汉密尔顿交往密切。

归国后，佩恩・奈特被选为下院议员，加入辉格党，与该党的埃德蒙・巴克交好。奈特著有《文明社会的进步》和《古代艺术的象征性语言与神话》等作品，1794 年以"风景诗"为题，出版洋溢绘画风格（picturesgue）的诗集。

他的作品在某种意义上是汲取威廉・汉密尔顿的精神，呈现出新古典主义的文脉，值得称道。但是他在是否该购买埃尔金伯爵大理石雕刻群时，在议会上投了反对票，犯下历史性错误。

佩恩・奈特经常给当时的《爱丁堡评论》（*Edinburgh Review*）和《古典杂志》（*Classical Journal*）等知名的评论性杂志投稿，也担任过大英博物馆的理事。1824 年去世，享年 75 岁，去世前他将全部的古美术品、硬币类和书籍都捐赠给大英博物馆。19 世纪 20 年代虽然已经新建汤利展示室，但是蒙塔古展示馆自从开馆以来，经过了 60 年，已经开始老旧。因此馆方展开全面性扩建的计划，但是后来经过评估，认为还不到全面扩建的时机，结果只同意新设国王图书室来收藏乔治三世的书籍。这座新馆的工程于 1823 年开工。

负责设计建筑的是曾经参与兴建汤利展示室新馆的罗伯特·斯默克。他时年 40 岁，年纪轻轻就因重建科文特花园剧场和设计造币局而获得很高的评价。

值得注意的是，斯默克设计的不仅仅是图书馆而已，他还将大英博物馆的再建计划一并纳入规划。1823 年，斯默克向大英博物馆理事会提出他的建筑设计图，旋即获得认可。

斯默克所描绘的新大英博物馆的外观与建筑物的全图，若从今天我们的眼光看来，那座雄伟壮丽的希腊式殿堂十分有远见。即使在一百年后，不，即使在数百年后，也不会落伍。

斯默克将未来的展望一并纳入建筑规划中，这座国王图书馆的建设是整个建筑规划的一环，可以说具有重大的历史意义。

1823 年 7 月，新建筑物成为大英博物馆的一部分。在东侧也另建了一条南北长 92.5 米、宽 17.8 米的巨大长方形回廊，样式采用新古典主义风格。这回廊花了 4 年的工期与 12 万英镑，现在还保留着启蒙运动展览室的名称，因此今天我们还可以看到内部装饰极尽奢侈的豪华风格——以阿伯丁区（Alberdeen）产的花岗岩磨成的 12 根巨大圆柱、红木地板以及摆在两侧的双层结构的红木书架，这一切高级的装饰都让人叹为观止。

今日被称为"东侧厅"的国王图书馆南端，还设立了一间收集原稿、稿件类的手抄本室。手抄本室邻旁也新建一间阅览室——乔治三世捐赠的稿件，还有斯隆、科顿等人收藏的原稿和手抄本类，一并整理收放在这里。这阅览室于 1829 年完成，足以容纳 120 人。但是房间狭窄、灯光昏暗且相当寒冷，并没有获得使用者的好评。

据说 19 世纪的文豪狄更斯和《进化论》的作者达尔文，经常光临这间新阅览室。这间不受好评的阅览室 10 年后移到国王图书馆的北侧。斯默克负责的大英博物馆新建工程进展很顺利，1838 年，在旧馆的后庭完成名为"北厅"（north wing）的新馆展示室。新阅览室是在北厅东端的 2 个房间。若从旧馆时代开始算起来，这已经是第 6 次改建的阅览室。容纳人数增加到 168 人。

变得较为宽阔的 2 间阅览室，北侧有大窗户，加上有以热水加温的暖气机，室内环境改善不少。但是跳蚤和壁虱的出现却带来新的困扰。由于装设新暖气机而产生了新害虫，这是何等讽刺的事。跳蚤和壁虱听起来实在难以相信，但是连诗人兼画家的威廉·布雷克[15]都曾经画过《跳蚤画》，可见并非空穴来风。

19 世纪 30 年代即将结束时，新的国王图书馆落成，收藏 23 万册书籍，藏书量到 1851 年时倍增至 418 万册。快速增加的不只限于书籍，其他收藏品也是如此。大英博物馆进入新的发展期。

---

[15] 布雷克（William Blake，1757—1827）：英国诗人、画家，浪漫主义文学代表作家之一。

维多利亚时代的光和影

　　1837年，被称为"处女王"的维多利亚正值18岁，她继承先王威廉四世王位，年纪轻轻便成为统治者。英国出现了前所未有的丰裕景象。大英博物馆得到了前所未有的扩充。

维多利亚女王
前来参观

1837 年，被称为"处女王"的维多利亚正值 18 岁[1]，她继承先王威廉四世的王位，年纪轻轻就登基。3 年后的 1840 年，维多利亚女王与其表弟阿尔伯特亲王结婚。与前一朝的乔治王朝不同的是，市民相当拥戴敬爱新王室；而且，就如许多历史学家所说的，英国出现了前所未有的丰裕大众社会。

维多利亚女王夫妻结婚后翌年，1841 年 3 月 27 日，第一次前往大英博物馆参观。当时的馆长亨利·艾利斯爵士（Sir Henry Ellis）将当天的情况写在日记里，他写道：

今天下午 3 点 15 分，女王陛下与阿尔伯特殿下前来参观大英博物馆。5 点 25 分离开。（中略）国王图书馆陈列着先王捐赠的收藏品，维多利亚女王伉俪对埃及展示室的罗塞塔石碑、门

---

[1] 这并不是说维多利亚女王（Victoria，1819—1901）终身处女。女王婚后过着简朴单纯的家庭生活，加上在位时严守"君临而不统治"的君主立宪原则，她在位时的英国是最光荣的时代，因而广受人民爱戴，并有了这样的外号。

农王的头部雕像，还有绘画与普拉德爵士的狮子像都显示出极高的兴趣。馆员的夫人们在中央大厅列队欢迎。维多利亚女王伉俪花了相当多时间参观埃尔金大理石雕刻室，对勋章室的叙拉古的金币、银币与乔治三世捐赠的黄金勋章也很有兴趣。走出这间展示室时，阿尔伯特殿下对我说，女王陛下不想参观埃及木乃伊。他们略过木乃伊展示室，参观来自底比斯的古代假发，对意大利的伊特拉斯坎室里许多古代的壶激赏不已。接下来，又参观了矿物室扫罗地方的化石。在版画和素描室，参观放在陛下前面的切利尼黄金杯[2]、伦勃朗、克劳德·洛兰[3]、达·芬奇、鲁本斯等人的优秀素描。

这段日记显示出维多利亚女王伉俪参观了哪些文物，也大概呈现出当时博物馆有哪些主要的收藏品。例如有 40 年后迁移到自然史博物馆的矿物藏品，以及现在的人已无缘看到的切利尼黄金杯和普拉德爵士的狮子像等。

维多利亚女王刚继位的 19 世纪 40 年代，英国陷入不景气，被称为"饥饿的时代"，当时博物馆收藏了几件贵重的希腊大理石雕刻。在此之前的 19 世纪 30 年代末期，前往希腊和小亚细亚旅行的业余考古学家查尔斯·费洛斯（Charles Fellowes）在克桑托斯发现公元前 4 世纪的建筑物与坟墓。

---

[2] 切利尼（Benvenuto Cellini, 1500—1571）：意大利雕刻家、金属工匠，此黄金杯是他的作品。

[3] 克劳德·洛兰（Claude Lorrain, 1600—1682）：法国画家，擅长抓住光的微妙变化，画风细密，有《落日的海滩》等作品。

　　他带回来的发掘品希腊女神、海仙女涅瑞伊德斯[4]的神殿摆在杜维恩展示室邻室中。那与其说是墓庙，不如说是神殿来得贴切。这是座相当雄伟的大理石建筑物，在爱奥尼亚样式的石柱之间是 3 尊女神像。基坛上描绘着希腊神话战争的图像，以小壁雕刻镶嵌。这些女神是海神涅柔斯[5]的女儿，她们的模样很生动，身上穿的薄衣看起来仿佛正被地中海的微风吹动着。

最可憎的事件

　　维多利亚女王即位后不到 10 年，因为农作物歉收，英国社会面临饥饿的威胁。饥饿时代中的 1845 年，发生了博物馆历史上最令人惋惜的事件。

　　英国相当重视历史记录，所以这个事件留下了明确的时间记录。2 月 7 日下午 3 点 45 分，一个年轻人持刀将展示室一只非常优美的壶砍得粉碎。那只壶是汉密尔顿爵士在罗马取得、后来让渡给波特兰德公爵夫人的，因此被称为"波特兰德壶"。大英博物馆从公爵夫人处借来展示，没想到会发生这种事。

　　根据警方调查，犯人自称是住在耶卡街的爱德华·罗伊德，是都柏林名校圣三一学院（Trinity College）的学生，但调查后证实是谎称，

---

[4]　涅瑞伊得斯（Nereid）：她们是海神涅柔斯的女儿，住在海底宫殿，喜欢音乐和跳舞，有时会乘坐海豚到海上。
[5]　涅柔斯（Nereus）：希腊神话人物，头戴海草，手持锡杖，拥有语言能力，可以化身为任何东西，住在爱琴海的洞窟里。

其实他只在圣三一学院念了几个月书便遭退学。19岁，爱尔兰人，真正的名字是威廉·劳埃德（William Lloyd）。

这只壶在大英博物馆的古代美术品中被认为是最优美的收藏品。它是公元前1世纪到公元1世纪左右的作品，壶上有精巧的玻璃浮雕，结果这只精致的壶惨不忍睹地碎成两百多片。

事件发生的那天相当寒冷，展示室中没有任何一位监视的馆员可以来阻止这位疯狂的青年。

劳埃德在法庭上辩解道：

> 我的确破坏了那只壶。我之所以犯下这桩罪，是因为这个星期我心烦意乱，想要发泄苦闷。当时我的情绪变得很亢奋，看到任何东西都想破坏。

他因毁损器物罪，被判罚款3英镑与重劳动2个月。但因为他全部财产只有9便士，于是便被关进监牢。由于一位无名的善心人士代他缴了3英镑的罚款，2天后他就被释放了。世人认为那位无名的善心人士是波特兰德公爵。

馆长亨利·艾利斯爵士知悉后赶紧写道歉函给公爵，旋即收到回信：

> 理事诸公请放心，壶被破坏是因为博物馆事务当局的警备漏洞而导致的不幸。当局无法对不特定多数的参观者仔细限制，理事会也不可能采取滴水不漏的安保措施。不管破坏壶的人是谁，那个人一定是精神失常。（中略）我很高兴那个精神失常之

人性命无虞。

历史学家证明，18 世纪 40 年代的饥荒中爱尔兰状况最悲惨，谁能断言这位疯狂的爱尔兰青年的犯罪与他母国社会的不安无关？若从这点思考，法庭对犯人的一连串宽大处分，可以说是充满人情味。就如公爵所说，这个事件没有危害到人命是值得庆贺的。

波特兰德壶的后续发展

壶被破坏后，大家都认为这只壶不可能修复回原状。但是，研究馆员约翰·达布迪（John Doubleday）却让散乱在地板上的两百多块碎片再度恢复成完整的一只壶。他首先将捡来的碎片一块一块用水彩画精密摹绘，然后以强力胶黏接，于 1845 年 9 月修复完成。

这只波特兰德壶还有一些余谈。19 世纪末期，这只壶的受欢迎度急速下降，加上 1909 年罗马的历史学者否定了意大利蒙特·德尔·格拉诺坟墓发掘出此壶的事，1929 年壶的主人向博物馆索回此壶并公开拍卖，可是因为拍卖价钱不满意而流标，壶便又回到大英博物馆的展示室。1945 年，第二次大战结束后，由于詹姆斯·瓦伦丁（James Rose Vallentin）的遗嘱捐赠，波特兰德壶正式成为博物馆的收藏品。

维多利亚时代虽然一开始就发生这桩不幸的事件，但是大英博物馆飞跃发展的基础却自旧蒙塔古馆的正门开始，在不起眼的地方稳步而顺利地进行。

1823 年 9 月，由罗伯特·斯默克设计的位于东侧的国王图书馆开工，花了 12 万英镑巨资，终于在 1827 年完工。1838 年又完成名为"北厅"的建筑物。这座建筑物和国王图书馆同样风格，高度也一样，是两层楼结构，由斯默克所设计。它的一楼部分是阅览室，收藏许多版画、素描，还有 20 万册的书籍；二楼则展示地质学与矿物学收藏。

1842 年，开始拆除旧蒙塔古馆的北侧。1845 年，终于拆除整座旧馆，持续了大约 90 年的博物馆旧时代至此完全结束。

罗伯特·斯默克的弟弟西德尼此时加入建筑设计团队，1843 年完成被称为"西厅"的西侧展示室。1848 年，被认为"全英国最大的古典主义样式"的南侧建筑，展现出其壮丽的姿态。

这座建筑物正是我们现今所见的大英博物馆的正面，在它爱奥尼亚样式的柱廊里，外侧矗立着 45 根壮丽的列柱。周围有宽达 5 米以上的美丽巨大波特兰石[6]，这些巨石列柱让人联想起古代的森林。

可是当时并不是所有的人都支持这座新古典主义样式的建筑，还有人这样严厉批评：

---

[6] 产于英国南部波特兰地区的岩石，是侏罗纪时期的石灰岩，英国很多大型建筑物都用这种岩石建造，如圣保罗教堂和白金汉宫。也外销至其他国家建造重要楼宇，如美国纽约的联合国总部大厦。

　　我们不喜欢罗伯特爵士采用的建筑样式。不认识他的人也会异口同声地这么说吧！那座建筑物的样式让人觉得造作，那是矫揉造作、古典式空想的虚伪产物。表面上看起来很美丽，但却只是将虚伪的面庞放在高贵的骨架上而已。

　　尽管批评者用词严厉，但是 1853 年大英博物馆新馆落成时，罗伯特·斯默克还是获得了皇家建筑师协会颁授的金奖。女王陛下还授予他骑士爵位，他从此被称为罗伯特·斯默克爵士。

　　在当时的伦敦市内，跟这座被称为矫揉造作风格（mannerism）的古典主义风格一样的建筑物还有约翰·纳什[7]建的大学、丽晶公园[8]、丽晶街的购物区和罗伯特·亚当（Robert Adam）的肯伍德房屋等。今天伦敦的都市景观之美，这些古典主义风格的建筑物实在居功至伟。在这些建筑之中，斯默克爵士设计的大英博物馆尤其显得神秘而壮丽。

"文明进步"的象征

　　这座拥有美丽柱廊的博物馆的正面上方是三角楣饰的雕刻。可惜的是，仰望这些精致的雕刻群时，

---

[7]　约翰·纳什（John Nash，1752—1835）：英国建筑师，乔治四世时期伦敦建筑的主要设计者，代表建筑有特拉法加广场、圣詹姆斯公园、海马克剧院等。

[8]　丽晶公园（Regent's Park）又名摄政公园，位于伦敦市中心，也是由约翰·纳什设计，是伦敦最大的可供户外运动的公园。附近有伦敦大学、大英博物馆等建筑。

几乎没有人会联想到它的象征意义。指挥制作这雕刻群的是雕刻家理查德·韦斯特马科特（Richard Westmacott）。制作三角楣饰的雕刻花费了3年的岁月与4400英镑。它隐藏着19世纪英国文明思想的象征，更准确地说，它的中心思想即是"人类文明的进步"。

谁都看得出三角楣饰像是模仿希腊的帕台农神殿，而且那儿并排着的雕像也是希腊风格，它们的象征意义可从下段文章理解：

> 在三角楣饰西端的人物可以看出是刚跳脱了粗野、野蛮的状态，受到了宗教的熏陶。接下来是具体地描述猎人乃至农夫的生存劳动的模样，当中有着部落族长式的淳朴。对真神的崇敬转为异教信仰崇拜，艺术表现的领域也为之扩展。
>
> 天上众神对异教崇拜的信仰是由埃及人、卡尔迪亚人或者学习天文学的其他各民族引进的。这些都表现在三角楣饰的中央雕像中，这是构成三角楣饰的主要原理。今天，文明已有大幅的进步。向三角楣饰的东角倾斜的是数学，暗示着追求永续性原则的科学；西侧的主题是戏剧、诗、音乐和美术。东西侧表现的主题在科学与艺术间保持着平衡。这些实例和物体都是雕刻，这是最有效果的表现方式。
>
> （《大英博物馆概要》，1853年）

这是韦斯特马科特制作三角楣饰的根本思想与原理，也是英国文明被认为将会无限发达时代的产物，象征着英国即将在世界史上占据最重要位置。

这个象征同时也暗示，维多利亚时代出现了全世界最杰出的两位科学家达尔文与莱尔[9]，前者著有《进化论》，后者著有《地质学原理》，两位科学家在研究领域的表现也可在这三角楣饰中窥见。因为楣饰上不只雕刻人，也雕刻大象和狮子。如果是在往昔，连17世纪的英国诗人弥尔顿都认为动物比人类低等，是绝对不愿将两者并列的。

尽管这三角楣饰富含这么重大的象征意义，但是今日博物馆的参观者却往往看也不看一眼就进入馆内，实在相当可惜。

1848年三角楣饰落成，据说雕像的底色涂上淡青色，雕像的一部分则镀上金。除了这些雕像，韦斯特马科特可能还想把莎士比亚、培根、弥尔顿、牛顿等人的雕像摆置在正面台座的上面，但是没有实现。

为了弥补遗憾，取而代之的是在正面玄关门的两侧设置大理石制饮水处，水从狮子的嘴里潺潺流出。这两对狮子像的饮水处一直使用到20世纪60年代才被拆除；2003年开馆250周年纪念的时候，又恢复原状，这对缅怀过去的人来说，实在很令人高兴。

大英博览会的影响

1851年，大英博览会在英国海德公园华丽开幕。半年内，每天平均涌进43000名参观者。为了"让所有的国家参加，以主张一切种类知识的优越性"，英国在此建了一座"水

---

[9] 查尔斯·莱尔（Charles Lyell, 1797—1875）：英国地质学家、律师，是"均变说"的重要论述者。后来他放弃律师正职而专心研究地质学，死后被葬于西敏寺。为纪念他，月球和火星上各有一个坑洞以他的名字命名。

晶宫"，是以钢筋和玻璃构成的前沿建筑物。这座建筑物很庞大，光是正面的宽度就有 575 米，里面可容纳多达 19000 件来自世界各国的展品。

在大英博览会的杰出展品之中，有很多美术工艺品后来收藏在南肯辛顿博物馆，是后来"维多利亚和艾伯特博物馆"的前身。无论如何，大英博览会的成功就如威尔逊所说，对大英博物馆产生明显影响。

这影响有正面的也有负面的。在正面影响上，参观者的思考视野扩展到欧洲以外的国家与文明。在负面影响上，博览会期间大英博物馆急速增加的 250 万参观人数，过了博览会后就急速下降。有部分原因是 1852 年开馆的南肯辛顿博物馆分散了参观者人潮。此外还有 1853 年建立的坐落于特拉法加广场的国家美术馆开馆，以及 1828 年在丽晶公园内设立的动物园开放等原因。这些新的公共设施对大众来说，或许比大英博物馆更富魅力。这个时代出现很多音乐厅、豪华餐厅等以前没有的欢乐场所，这或许也是大英博物馆参观人数下降的原因吧。

旧蒙塔古馆时代的建筑物完全拆除是在 1850 年。斯默克的壮丽建筑物全貌已经呈现，但是面对大罗素街的旧正门仍保留着。

"戈登骚乱"以来，博物馆的正门就有负责守卫的陆军卫兵，到了 1863 年之后由警察负起这个责任。1852 年 5 月，大英博物馆的前庭与正门整修成今日我们看到的模样。

| 新阅览室 |

从 19 世纪中期起，市民生活质量明显提升。伦敦的广场和公园都翻修得很优美，以国会议事堂的雄伟哥特式建筑为首，公共建筑和教堂接二连三翻修或改建。不止于此，到处可见的商店和市民住宅也都变漂亮了，整个都市景观焕然一新，令人惊艳。今日大英博物馆周边的多数建筑物都是在这个时期建的。

如历史学家所说，维多利亚时代的繁荣与大众化社会的出现，主要原因是钢铁生产量的增加与铁路运输的发达。大量使用钢筋的车站面貌雄伟，的确足以让市民叹为观止。新的大英博物馆也采用同样的建筑材料，负责新阅览室建筑设计的是西德尼·斯默克（Sydney Smirke）与安东尼·帕尼齐（Anthony Panizzi）。

前文已经提过，前者曾经与其兄罗伯特共同参与大英博物馆新馆的建设。关于后者则必须稍微介绍一下他的经历。因为没有这个人，就没有今日的阅览室。

帕尼齐是意大利人，出生于摩德纳。他原本担任律师，但是 1812 年被卷入意大利革命，为了逃避逮捕而亡命到伦敦。他被当时的大法官视为人才，成为大英博物馆的临时雇员。由于帕尼齐工作勤奋又充满才华，不久就擢升为图书部部长。到了 19 世纪中期，博物馆急速增加的书籍成为一大问题，新书库与新阅览室的设置势在必行。于是帕尼齐便拟订建设计划，他描绘出拥有圆形屋顶的新阅览室，想以博物馆中央的宽阔内庭为阅览室，周围再以书库包围。今日还留着他当时描画的建筑草案，可以看出基本计划在那张草案上已经成形。

西德尼·斯默克根据那张草案完成具体计划。馆方得到 15 万英镑的国家巨额预算，于 1854 年开工，花了 3 年的时间，建成全世界罕见的巨大圆形阅览室。这座建筑物高达 32.3 米，不仅比圣保罗大教堂高，甚至凌驾罗马的圣彼得大教堂。

<table>
<tr><td>超越图书馆
的壮丽建筑</td></tr>
</table>

只要你踏进这间阅览室，就一定会感受到它的壮丽。与其说它是图书馆，还不如说是弥漫某种神秘氛围的空间。这种心理感受不只来自所有壁面都摆满书的壮观景象，还来自仿若蓝空的广阔圆形天花板。而且若是细看那圆形天花板，就可以发现上面共有 20 个大长方形的窗户嵌板；美丽的蛇腹圆柱支撑着窗户，圆形天花板的边缘还有豪华的镀金。

如果读书读累了，仰头看看淡青色的圆形天花板，会立刻心旷神怡。尤其是那精致的圆形天花板的色调，确切地说，就好像秋日天空一样的透明淡青色，这在英国人的色彩感觉中，是最受喜爱、最绝妙的高贵色调。

支撑着这巨大圆形天花板的是象征维多利亚时代文明的钢材与钢筋，这工程中总计使用了 4200 吨钢材。英国铁制的巨大建筑物中，有 18 世纪中期在威尔士山间峡谷建造的世界第一座铁桥，由于制造精巧，这座铁桥现在已被认定为世界遗产。从那以后，英国的建筑物便纷纷使用钢材与钢筋。1851 年大英博览会的时候，就因为有这种冠于世界的铁骨工程法传统，才有水晶宫的巨大骨干。

这间阅览室的宽阔，从其空间多达 40 万立方米这个惊人数字就可想象。在内部的装潢上，虽然也有少部分人批评"完全是不顾一切地挥霍"，但大部分舆论是称赞。这也是理所当然吧，如果大英博物馆里面没有这间超乎想象的、独特而极尽壮丽的阅览室，馆内会多么寂寞和凡庸呀！

这间阅览室当初设有 302 组桌椅，负责设计的是西德尼·斯默克。除了使用奢侈的红木之外，桌子和椅子统一用蓝色皮革包覆。而且不只是桌椅，连阅览室的书架也全部包覆皮革。据说这样可以妥善保护书籍，可惜在 20 世纪 60 年代末期，书架上的皮革消失了。

此外，为了不断输入新鲜空气，新阅览室一开始就设有冷暖气机，地板也铺上有吸音效果的地毯，显现出馆方对阅览者无微不至的体贴。当时能够有这么奢侈的设备，全得归功于维多利亚时代社会的繁荣所带来的经济余裕。

周围的书架上是包含 2 万册参考资料在内的 7 万册书籍，任何人都可以随手取下翻阅。外侧的书架则摆着英国历年来的全部出版物，大英博物馆总共搜集到 70 万册书籍。

图书管理部

仿佛蜘蛛网般呈放射状并排的书桌中央，是圆形的图书管理部。这里经常有数名职员负责图书的管理事务，另外还有 40 名左右的职员负责将书从书库搬到阅览者的书桌。即使阅览者一次申请数十册书，只要书库中有藏书，二三十分钟后，那些书就会用木车运到。这项服务一直持续到 1998 年图书馆迁出成立大英图书馆为止。

围绕着圆形图书管理部的是圆形的矮书架，架上排列着大英博物馆的图书总目录。担任图书管理部的部长被认为应该具有"学者兼绅士兼警察兼船长"的素质。直到 20 世纪 20 年代为止，管理部部长都戴着圆顶礼帽，看起来一副严肃的样子。他们应该像绅士和学者，但为什么要具备警察与船长的素质呢？因为他们必须具备管理群众的能力，手臂必须强壮有力。因为有时会出现有暴力倾向的读者。在这些不得体的暴力读者当中，有一位便是日本博物学的先驱南方熊楠。

曾有位生气的读者要某副部长到读书室外面，那位副部长问他有什么事，生气的读者回答说："因为我想打你一拳，这样的话，就可以发泄因为这个图书馆的不便而引发的怒火。"遇到这种情况，如果管理部部长具备警察的素质和船长的技能，在这种情形下就可以大大地发挥功效。

P.R.哈里斯在《阅览室的历史》中介绍过上述的事情。从哈里斯的文章中无法看出南方熊楠是否与图书馆职员打斗过，南方熊楠引起的事件我会在别的章节述及，只是他的对手应该不是管理部的人，而是其他读者。

古代亚述帝国的遗产

从开馆到 19 世纪初期，大英博物馆相当努力地收藏古代希腊罗马以及埃及的历史美术品，在地理上还倾向限定于这些地区的收藏品。但是到了 19 世纪 40 年代，也开始收藏中东亚述文明的代表性遗产。

在这个大事业上立下汗马功劳的是 A.H. 莱亚德（A. H. Layard）。

他从 1845 年起就在亚述文明的发祥地尼姆罗德参与发掘工作。首先发掘亚述文明的是出生于意大利的法国外交官保罗·博塔（Paul-Emile Botta），他掘出公元前 710 年左右的雕刻群遗迹，并于 1846 年运抵巴黎。

而莱亚德发掘的尼姆罗德是公元前 879 年左右，亚述国王阿淑尔纳西尔帕二世建筑宫殿的地方，在那儿掘出大量石像雕刻。在进行发掘工作时，外援不多，只有英国政府提供了一些经费，法国的博塔也给了些建议。

莱亚德的发掘中，最重要的是沙尔马那塞尔三世[10]的黑色方尖塔。这座 2 米高的石碑是国王建造的，上面描绘着国王 30 年的功绩与近邻以色列前来朝贡的场面。以色列王耶户[11]臣服于沙尔马那塞尔三世，每年都带着贡品造访亚述的王宫。

莱亚德所发掘出的最重要的古代亚述帝国的遗产，是推定为公元前 865 年的长翅膀的人面牛身的巨大石像。1846 年发现这件文物的时候，莱亚德写下了手记：

> 我大概不容易忘记这个巨大的头部出现在地面时的景象吧！那好像是一个巨人从地下世界苏醒过来似的。

1852 年，这座巨像运抵刚刚新修完成的大英博物馆玄关。要让几十吨的重石块通过狭窄的玄关并搬运到博物馆内部可以说是工程艰困，

---

[10]　沙尔马那塞尔三世（Shalmaneser III，前 858—前 824）：亚述国王。

[11]　耶户（Yehu）：在位时期是公元前 841—前 814 年，原本是希腊将军，后来靠武力成为以色列国王。

而且从伊拉克运送到伦敦的途中，还曾被一群强盗袭击，当时石像被子弹击中而受损，真是无妄之灾。

在尼姆罗德发掘这项文物时，莱亚德曾得到当地优秀考古学家拉萨姆（Hormuzd Rassam）的鼎力相助。莱亚德从亚述王沙尔马那塞尔的宫殿挖掘出国王坐在战车上的浮雕石板、呈现亚述丰饶古代文明的狮子像、装饰在沙尔马那塞尔三世宫门的青铜装饰板等贵重的文物。今日这些文物与大英博物馆的古代近东展示室并列，可以说最卓越的石像和岩石浮雕是由莱亚德、拉萨姆带回来的。

与莱亚德有相同贡献的还有 19 世纪中期被约翰·拉斯金评为"在观察事物的集中力与好奇心上"拥有非凡能力的查尔斯·牛顿（Charles Newton）。他担任希腊罗马部门的部长，以他为领队人物，博物馆积极地在土耳其和小亚细亚地区进行发掘。他们在克尼德斯岛（Cnidus）公元前 4 世纪左右的神殿遗迹发掘出德墨忒尔的大理石像、琉璃瓦像、玻璃瓶、铅制马甲等多数遗物，获得很大成果。

由于莱亚德在考古学上的贡献，牛津大学后来颁赠他名誉博士学位。经由大英博物馆理事会的推荐，莱亚德还担任英国驻君士坦丁堡大使馆参事。

第五章

中兴人物奥古斯都·弗兰克斯

弗兰克斯将个人财产都用来搜购收藏品，最后总共捐赠了 7000 件文物给大英博物馆。他的功绩在大英博物馆 250 年的历史中，绽放出灿烂的光芒。

半生奉献给博物
馆发展的男人

19 世纪 50—90 年代的半个世纪中，大英博物馆的藏品数量大幅增加，尤其是在此之前较稀少的英国历史文化遗产更有突破性收藏，这主要与奥古

斯都·弗兰克斯有关。他的大半生几乎完全奉献给大英博物馆的发展，可以说是中兴人物。他的收藏不局限于英国的古美术，还有包括日本在内的东亚以及其他国家的文化遗产；他甚至曾经自掏腰包，花费巨资购买收藏品，建立了今日大英博物馆的基础。

弗兰克斯于 1826 年出生于瑞士日内瓦，幼年在瑞士与意大利度过。12 岁时进入伊顿公学就读，他在那儿接受传统公立学校的严格学习与训练；19 岁时进入剑桥大学的三一学院。弗兰克斯对当时剑桥大学的传统学问如数学、哲学与神学没什么兴趣，闲暇时候都埋首于中世纪考古学，甚至还在大学内创设考古社团。

在大学获得学士学位后，他于 1851 年被大英博物馆聘为考古学部门的助手，时年 25 岁。一直到 1896 年退休的 46 年间，他始终未婚，全部的精力都献给博物馆的发展。

弗兰克斯一进入博物馆，就开始解读公元前 10 世纪在南阿拉伯的

扎法尔王国的希木叶尔族[1]使用的艰深文字，并且对博物馆收藏的数量庞大的中世纪欧洲与意大利文艺复兴的贵重陶器、搪瓷、水晶等逸品进行整理分类。

几年后，弗兰克斯于 1860 年就任考古学部门的部长，基于对国家的历史文化遗产有深切的爱与较高的造诣，他于 1866 年将考古部门改成英国史前、中世纪民族部。一直到 1896 年，他都担任此部门的部长。而 1896 年到 1898 年他去世为止，则继续担任博物馆理事，发挥其影响力。

推动天主教艺术文化的复兴运动

维多利亚时代后期的半个世纪里，弗兰克斯虽然没有担任大英博物馆的馆长，可是就如威尔逊和凯吉尔所说，他的贡献无人能出其右。就算他担任馆长之类的管理职务，也应该完全没有官僚的气质吧。

他虽深入参与大英博物馆组织的改革，但是对馆内职员的职级管理却几乎没有兴趣。他认为一个人真正的价值不在于社会上的地位，而在于他抱持着什么样的哲学观与思想，以及对被赋予的工作能否以无私的态度达成。

在近代英国文明迈入最辉煌灿烂的时代，弗兰克斯能够在大英博

---

[1] 希木叶尔族（Himyar）：古代的阿拉伯强族，公元 3 世纪时最为强盛。公元 525 年被阿比西尼亚（古埃塞俄比亚）消灭，后来成为波斯的一州。但是随着伊斯兰化，其文化逐渐消失。

物馆充分发挥学识与才能，不仅是他个人的幸运，以更广泛的历史意义来看，也是大英博物馆的幸运。如果没有他的学识与努力，今日大英博物馆的基础就无法奠定。弗兰克斯的伟大之处便在于此。

弗兰克斯首先积极收藏的是大英博物馆之前几乎不收藏的中世纪英国文化遗产。他的热情与当时的社会、文化背景有关。

英国自 16 世纪亨利八世宗教改革以来成立英国国教会，开始排斥天主教。英国国教会与一般社会都极力摒弃中世纪以来的天主教文化传统。但是从 18 世纪中期开始，中世纪文化又开始复苏。1829 年，议会更通过天主教解放令，促进了天主教文化的复兴。

其后，基布尔[2]、普西[3]、纽曼[4]等人兴起的牛津运动[5]促进英国国教会的天主教传统化，这场运动不仅改变了教会内的仪式与信仰，也使得民众重新认识中世纪以来的天主教文化。在教堂，翻修中世纪建筑风格和以往被忽略的中世纪雕像，强调哥特风格，近 3 个世纪被忽视的天主教教堂之美和神圣遗物等财产也受到注意。新成立的考古学协会和圣经考古学协会等，在保存和重新评价中世纪天主教遗产上，扮演了积极的角色。

这股时代潮流深深影响了弗兰克斯的博物馆收藏。

[2] 基布尔（John Keble，1792—1866）：英国神学家、诗人。

[3] 普西（E.B.Pusey，1800—1890）：英国国教会神学家。

[4] 纽曼（J.H.Newman，1801—1890）：英国神学家。

[5] 牛津运动（Oxford Movement）：1833 年在牛津大学兴起，主张将高教会派（High Church）的教义纳入英国国教会，反对自由主义、理性主义和福音主义的倾向，强调天主教与原始教会时代的性格。

在弗兰克斯拥有的众多收藏品当中，首先
必须提到的是以弗兰克斯为名的中世纪初期木
箱"弗兰克斯箱"。这是 8 世纪中期盎格鲁 -
撒克逊王室使用过的物品，箱子的表面有鲸骨
的精巧雕刻，并以罗马文字刻上"大鱼在巨大的岩壁上击出波浪，因
恐惧而颤抖的王在沙上终日悲叹"。这罗马文字是与现代罗马字相当不
同的古英语装饰文字的一种。

这个箱子的来历充满谜团。它原本摆在巴黎的一家古董店，偶然
经过的弗兰克斯看中了它，读得懂罗马文字的他，立刻了解了木箱的
价值。而且木箱上除了罗马文字之外，四面还描绘有古代日耳曼的英
雄维兰德、罗马传说中让小孩吸乳的狼、罗马皇帝占领耶路撒冷、东
方三博士的朝拜等图像。

弗兰克斯自掏腰包买下木箱，捐赠给大英博物馆。之后，专家总
算弄清楚这只木箱的由来，它原本是 8 世纪中期由盎格鲁 - 撒克逊王
室制造来装圣经的。

10 世纪左右，木箱流到法国人手中，到 19 世纪为止，都在法国
的农家被当成置物箱。这只弥漫着谜团的木箱，今天以中世纪英国纯
朴而贵重的文化遗产之姿，收藏在博物馆中世纪展示室里。

国王黄金杯

与弗兰克斯箱同样引人注目的收藏品是被
称为"国王黄金杯"的豪华纯金杯子。这只
黄金杯于 1380 年左右赠送给法国国王查理五
世，之后，为英国亨利四世的儿子——也是当时兼法国摄政王的贝福

特公爵所拥有，公爵再赠送给他的侄子亨利六世。黄金杯可说是与都铎（Tudor）王室渊源很深的艺术逸品，这也可从杯子表面绘有王家的纹章玫瑰装饰看出来。

后来这只金杯一度流到国外，詹姆斯一世将黄金杯送给西班牙的修道院，19世纪时又被法国收藏者取得。持有人当时拿这只杯到大英博物馆兜售时，卖方开出8000英镑高价，弗兰克斯看出这只杯子的价值，便自掏腰包拿出4000英镑，剩下的4000英镑与卖方杀价，最后以6000英镑成交。

这只纯金杯只有23厘米高，表面装饰着浅浮雕半透明的搪瓷。它引起人们浓烈兴趣的是上面描绘意大利圣女阿格尼丝[6]殉教的场面。关心中世基督教历史的人应该都听过这位圣女殉教的故事。

圣女阿格尼丝出生于4世纪的意大利，因为拒绝与异教徒的贵族结婚，被处火刑，但是据说火无法烧死她，最后她被矛枪刺中头部而殉教。令人产生兴趣的还有这只黄金杯的杯脚描绘着天使、有翅膀的狮子、牝牛、鸷鹰，象征《圣经》的福音史家马太、马可、路加、约翰4位圣人，杯脚的周围还饰有珍珠。

重新评价凯尔特（Celt）美术

英国史上，19世纪50—60年代是以伦敦为中心发展铁路网的时代。尤其是

---

[6] 阿格尼丝（Agnes，292—304）：古罗马时代天主教殉教者，殉教时才12岁。

南部的肯特郡，随着铁路工程实施而在郡内各地进行考古学的发掘，大量古代和中世纪的考古学文物因此而被带进博物馆，其中也有相当多是收藏在大英博览会之后新建的南肯辛顿博物馆。

古代英国的艺术品之中，最精巧的是初期凯尔特的艺术品；凯尔特艺术最重要的发现是 1858 年在泰晤士河巴特西区附近出土的盾。与其说它是武器，不如说是青铜制装饰板，它在泰晤士河的土沙中被发现时几乎毫无损伤、极其完美。

另一项重要的文物是在北英格兰的约克郡发现的青铜制马面罩，它的设计现代到让人惊讶，让人很难相信它是古代的文物。在同一时期，苏格兰、威尔士、爱尔兰都发掘出大量优美的文化遗产。

在古代欧洲，凯尔特人因为没有文字而局限了影响力，但是他们打仗英勇的事迹记载在罗马凯撒的《高卢战记》[7]中。另一方面，他们丰富的想象力也保留在很多诗歌与传说中。凯尔特人对造型美的才能在武具、武器以及生活用具上发挥得淋漓尽致，其高艺术性可说仅次于希腊、罗马。

弗兰克斯在欧洲美术史中对凯尔特美术给予很高的评价，他在发掘这些文物时也发挥了领导力。他将古代凯尔特和盎格鲁－撒克逊，以及中世纪英国的历史文化遗产共 7000 件予以系统性分类，于 1866 年新设"古代不列颠及中世纪部门"并开放展示。如此一来，就正式弥补了大英博物馆开馆以来一直欠缺的部门。此部门的展品中很多是弗兰克斯捐赠给博物馆的收藏，包括前述的木箱、国王黄金杯以

---

[7] 《高卢战记》（*Commentarii de bello Gallico*）：凯撒所写，内容为他和高卢人打仗的记录，虽写得比较偏向他自己，但文笔极佳。

及从萨里郡修道院发掘出来的中世纪瓷砖和在格恩西诸岛发现的中世纪遗物。

日本古美术品的搜集

弗兰克斯的功绩不仅只在搜集不列颠岛的文物，他在搜集中国和日本的古美术品上也扮演重要的角色。他在东方历史、文化、宗教方面造诣深厚，晚年与日本的学者南方熊楠见面时，南方熊楠就惊叹于他佛教上的深广知识。

弗兰克斯一听到日本于 1858 年对外国开放横滨港，便开始注意日本传统文化的特质，积极搜集日本的古美术品。1862 年伦敦举办第二次大英博览会时，他展出自己搜集来的日本古美术品，后来并将其中数件展示品捐赠给大英博物馆。

19 世纪后半叶，欧洲社会和美术界对日本文化产生浓厚的兴趣，英国也跟上这股潮流，社会上出现"日本热"。

在 19 世纪 80 年代，伦敦已经有 25 家日本贸易公司。1885 年，举办"日本村博览会"，参观人数有 25 万人。此外，当时伦敦的萨沃伊剧场上演《天皇》《蝴蝶夫人》等以日本为主题和背景的歌剧，颇受好评。川上音二郎和贞奴等人在科文特花园剧场举行歌舞伎演出时，英国女王还前往观赏。

英国对东方岛国的兴趣越来越高涨，1892 年伦敦还成立日本社会研究会，这个协会现在仍继续运作。主要会员是前驻日公使厄内斯特·萨托（Sir Ernest Mason Satow）、日本学家阿斯顿（W. G. Aston）和张伯伦（B. H. Chamberlain）、与日本女性结婚的诗人埃德温·阿诺德爵士（Edwin Arnold）、日本美术史家布林克利（Francis Brinkley）等人；当然，弗兰克斯也是会员之一。

如果 19 世纪末期欧洲没有弥漫对日本文化兴趣浓厚的气氛，弗兰克斯为大英博物馆搜集的日本古美术品数量大概就不会多达 3500 件。他的收藏包括佛像、武具、陶瓷器、钱包、茶具，他甚至能理解茶道中"寂静"和"空寂"的境界，真是令人惊讶。他大概是当时欧洲最优秀的日本文化学者吧！由于弗兰克斯如此积极地想要了解日本，大英博物馆今日的组织当中，日本部门才能成为十部门之中单独的一个，而且在欧洲拥有水平最高的傲人评价。

弗兰克斯扮演的角色

弗兰克斯除了担任博物馆的部长，他还长年担任英国考古协会的会长。但是他喜欢研究胜过于担任管理者，终其一生抱持谦虚的学者姿态。

他主要著有《希木叶尔文字的研究》《日本的陶瓷器》《玻璃的装饰艺术》《欧洲陶瓷器的收藏》等，这些著作显示他是维多利亚社会时常可见的优秀业余学者。现在一般人可能很难理解这种业余兴趣（amateurism），但其实同时代的生物学者达尔文也是业余学者的典型代表。

弗兰克斯在大英博物馆任职了将近半世纪，他在退休时，回顾这段漫长的生涯，留下这样一段话：

　　我想我大概可以说，我参与现在这些部门的设立，对国家而言是适度的负担。我在 1851 年被博物馆雇用时，当时部门的收藏品仅有 154 英尺长的展示柜和三四张桌柜。现在展示室已经拥有 2250 英尺长的展示柜、90 张桌柜和 31 张直立柜的收藏品了。

弗兰克斯在职时期，新设部门的收藏展品数量增加了十几倍，有些种类还增加几十倍。而且他将个人全部财产都用来搜购收藏品，最后总共捐赠了 7000 件文物给大英博物馆。他的功绩在大英博物馆 250 年的历史当中，放出灿烂的光芒，是名副其实的中兴人物。

但是 D. 威尔逊却认为弗兰克斯功过各半。D. 威尔逊写道：

　　现在仍然没有一般参观者需要的参考文献类，展示室的分类和展示方式也缺乏详细说明，简介手册完全没有图解，读起来枯燥无味。

　　弗兰克斯的成就主要是在收藏与研究上，要正确地评价他，必须仅限于这方面。

任何人的贡献都有其界限，也会受到时代的限制，这是无可奈何的事。但是此时大英博物馆飞跃性地发展是事实，在这一发展期，弗兰克斯扮演了重要角色。

弗兰克斯的贡献如此重大，也是因为他的周边有一群有能力的职员协助他。

阿兹特克人的双头蛇

在弗兰克斯时代的大英博物馆，所有部门都扩充性地发展。很幸运，这个时期也适逢英国社会经济的飞跃发展期；另外，也不能忽略弗兰克斯身边有两位义务性协助他的友人克里斯蒂（Henry Christie）和斯雷德（Felix Slade）。

克里斯蒂是弗兰克斯的好友，在伦敦开帽子店而积蓄钱财。从50多岁开始到欧洲大陆诸国、土耳其、亚洲、北美（尤其是墨西哥）旅行，他在这些国家广泛搜集文化人类学以及民族学方面的高价值文物，从史前时代到近代，以石造文化遗产为主，总数多达2万件。

在克里斯蒂的收藏物中，最贵重的民族文物是15—16世纪墨西哥阿兹特克人所留传下来、镶满土耳其石的双头蛇文物。这件以青色土耳其石制作的双头蛇据说是为阿兹特克国王而作，象征"支配生命的创造力"。

另一位友人斯雷德是著名的法律专家，终生单身，闲暇的时候便致力于搜集考古学资料。维多利亚时代的英国，有一群人因为有钱有闲，就半兴趣式地成为收藏家，斯雷德就是这种绅士。他的收藏共花了25000英镑，其中有将近1000件的古代玻璃制品价值最高。其他收藏中，贺加斯（William Hogarth）的版画也价值不菲。

自然史博物馆的开馆

19世纪末英国的文化特质属于审美主义风潮，它始于19世纪80年代，对世纪末的大英博物馆而言，是最光辉灿烂的时代。不仅我们今日看到的大英博物馆外观设计于此期，连内部各部门的基本设计也是在此时完成的。从历史上来看，19世纪80年代是大英博物馆发展的里程碑。创立者斯隆爵士的收藏中，有很多可称为"自然史"的文物。之后，以库克船长为首，博物馆本身也积极发掘民族与自然史文物。其中，后者的资料于1873—1880年搬移到新创设的南肯辛顿自然史博物馆。

建造这座自然史博物馆的构想是1862年第二次大英博览会后产生的。1881年，由瓦塔哈斯设计、具有美丽罗马风格，塔状外观雄伟的博物馆建筑完成，随后便将大英博物馆内的植物、动物、昆虫、鸟类标本、矿物以及古生物藏品等全部迁移过去。可以说这座新博物馆直到1963年为止，都具有大英博物馆分馆的功能。

随着自然史类的博物收藏迁往南肯辛顿，在布鲁姆斯伯里的大英博物馆本馆空出广达5600平方米的空间。弗兰克斯时代搜集的考古学、历史学资料便于此时都搬迁到往昔堆满自然史资料的展示室中开放参观。

这些自然史资料全部迁往南肯辛顿是在1883年。当时，博物馆在北侧和东南侧增设新馆。东南侧新设的建筑物是由当时的富豪威廉·怀特（William White）所捐款建立的。他在19世纪60年代已经告知博物馆捐款的意愿，本馆的设计者斯默克因为还留着新馆的设计图，1885年便完成同样样式的建筑物"怀特馆"。

这座以捐赠者命名的新馆用来做手抄本稿本参考室和报纸数据室，地下则是仓库与作业室。

在此之前，收藏自然史相关资料的展示室几乎都是在二楼，二楼展示室的三分之二此时因为资料的搬迁空了出来。汉密尔顿爵士和埃尔金伯爵搜集的文物、汤利捐赠的古代希腊罗马美术品搬迁到西侧展示室，亚述帝国和埃及相关的资料搬迁到北面新馆，中世纪文化遗产搬迁到南侧展示室。

馆内的现代化

1879 年，阅览室首次装设电灯。在此之前的读书室，只要太阳一下山，就把门关起来。夏天白昼较长，影响不大；但一到冬天，下午 4 点室内就昏暗不已。19 世纪 60 年代以后，大英博物馆在部分地区装设瓦斯灯和油灯，但是还是无法获得充分的照明效果。1881 年，馆方购入发电机，照明开始正式电气化，是伦敦市内电气化工程的先驱。1883 年，馆内安装电话，同一时期，购入现代器材打字机。

1865 年，博物馆内开设餐厅，但是食物评价很差，而且还位于阴暗的地下室。我也曾经在 20 世纪 60 年代光顾因为改建而暂时迁到地下室的餐厅，所以一想起此事，脑中就浮现出在照明不充分的时代，顾客面对侍者端来的没啥味道的英国菜时，脸上所浮现的忧郁表情。

那家餐厅由于评价实在太差，1870 年终于关门大吉。据说后来在新落成的餐厅里，顾客以白兰地和葡萄酒互相庆祝干杯。英国一般民众喝下午茶的习惯约莫是从这时期开始。博物馆的餐厅提供牛肉砂锅、各种馅饼，以及葡萄酒和红茶。

19 世纪 80 年代的大英博物馆职员数目是 344 人。其中，女性职员只有 10 名，大半负责清扫厕所，令人觉得有趣的是有 4 位是负责泡茶的。"茶淑女"和"茶妇女"的词汇首次出现是在 19 世纪末，所以大英博物馆应该算是雇用这类职业妇女的先驱。

　　当时馆方付给年轻职员的年薪大约是 62 英镑，资深职员大约 150 英镑。稍后到伦敦留学的夏目漱石的留学费为 180 英镑。以前研究漱石的专家大多认为漱石在伦敦留学时经济十分拮据，但是从以上这些数字来比较的话，就可以知道这些学者其实并不十分清楚当时英国社会的经济情况。

优美的博物
馆外围景观

　　大英博物馆前面的大罗素街，整理成现今美丽的景观只不过是不久前的事。在 18 世纪，博物馆周边的格瓦街已经林立着目前存在的乔治王朝风格的建筑物，大罗素街的房屋则改建成后期维多利亚王朝风格的砖瓦建筑。因此附近街区的重建与斯默克主导大英博物馆的建设可说是步调一致。19 世纪末，以大英博物馆为中心的布鲁姆斯伯里地区的景观和我们现在所看到的几乎没什么两样。博物馆周遭竖立着气派的铁栅栏、以花岗岩制成的正门、铺满绿色草坪的庭院，这些在 19 世纪末就已经都完备了。

　　阅览室的常客 S. J. 卢克（S. J. Looker）于 1880 年，对博物馆正面的庭院有如下的记录：

　　　　通过正面玄关柱廊中林列的巨大石柱，一来到外面，心情便开朗起来。我觉得在馆外比在馆内还更亲近真正的知识，太阳照耀着大地，在南侧街道一栋建筑物的屋顶看得到雕刻。绿色的草坪虽然并未修剪得很整齐，但是看起来依旧优美，令人想象如果任凭它生长，在茂密的草丛中，比较长的草叶前端应该闪烁着露珠吧！在大柱廊下和草坪上应该摆置长椅，如此一来，人们在读书之余，还可以坐在这儿享受日光浴，并且观赏鸽群。鸽群不畏惧人，走到我的脚边。但是大建筑物里响起"砰"的关门声时，鸽子群就惊吓得飞走，不过不久又会飞回来。

我们从这个记录得知，今日英国任何一处公共场所都可以看到的附坚固靠背的木制长椅，当时尚未摆置。

卢克的感想迥异于 18 世纪启蒙运动时代的知识分子，因为他认为博物馆前庭的美丽草坪比馆内的展品还要"更亲近真正的知识"。这种真正的知识存在于自然美的想法，正是 19 世纪浪漫派诗人华兹华斯和济慈等人的思想。卢克应该是受到浪漫派诗人的影响吧。从这位参观者的感想中，我们可以解读出大时代的潮流。

第六章

在大英博物馆流连的名人

诗人济慈、雪莱和小说家哈代以及狄更斯在此汲取养分，马克思、恩格斯、列宁来此阅读，萧伯纳和叶芝在这里沉思。一切都是从这里开始的。

一开馆就来阅览室的托马斯·格雷

记录显示，有个名人从1759年开馆就频繁进出大英博物馆，他是英国诗人托马斯·格雷。他使用的是阅览室。

他当时是剑桥大学彭布罗克学院的特别研究员，并于1751年出版不朽的诗集《墓园挽歌》，获得诗人的名声。1757年他被赠予桂冠诗人的荣衔，可是他拒绝了。他完全不抱持以诗人的身份在社会上活跃的想法，单纯只想在剑桥大学宿舍的一角埋首于历史研究，从中获得成就感。

格雷数年前丧失挚爱的母亲，没有家累的他一听到大英博物馆开馆的消息，便马上于1759年春天来到伦敦。他原本就出生在伦敦正中央的康希尔街，因此伦敦对他来说，是座令人怀念的都市。他搬来寄住在离博物馆很近的姨妈家，由于有忠实的仆人照料生活杂务，格雷单纯地每天来往于博物馆和住家。

前面提到，当时馆内已经设有图书室。普通的参观者进馆时都必须申请入馆证，而且只允许参观30分钟，但是像格雷这样的研究者可从早上9点待到下午4点。格雷在写给友人麦森的信中，如此描述：

我时常被图书室的寂静包围，每天在那儿待 4 小时。在那儿没什么事让你分心，唯一例外的是考古学部长斯蒂克利博士会偶尔过来和我闲话家常，或者谈附近有什么咖啡店之类的。

　　格雷在此经常使用的文献主要是哈雷和科顿收藏的手抄本和手抄稿本，很罕见，具有历史性价值。这位被誉为"欧洲数一数二的大学者"读的文献还包含了跟英国王室有关的《历史的疑问》和《考古学拾遗》等世人几乎听都没听过的书籍。格雷边读边记笔记，他每天不止花 4 小时读书和记笔记，回家后还继续研究到深夜。

　　他寄住的姨妈家位于离大英博物馆两三分钟步程的南安普顿罗乌街。他特地从跟母亲共同生活的房子里搬来他怀念的家具。

　　格雷每天往返大英博物馆，图书室的藏书中除了历史类之外，还有神学和哲学、辞典类，都是他感兴趣的书，这些书基本上已经分好类，非常方便学者使用。1759 年，这座图书室的使用人数每天限制 8 名，格雷当然是其中之一，但是图书馆湿气很重，并不舒适。

　　格雷直到 1761 年夏天都待在伦敦，当然他的时间并非尽数花在大英博物馆，有时也和喜好文学的朋友交流。他本来计划写部英国诗史，可惜结果没有实现。他在 1767 年担任剑桥大学的历史学皇家荣誉教授，这是身为学者的最高荣誉，不必指导学生，只需专心研究。

　　现代的我们可能很难想象这样的光景。格雷没有家累，收入微薄，埋首学问，与当代一流的人物交往，一有机会就写诗，在欧洲大陆和英国国内旅行。后来，格雷因为不幸罹患忧郁症，为病所困。他度过了非常平凡且明暗交织的 55 年生涯，这样的人物该说是幸运者吗？他

算是胜利者，还是失败者？这大概无法简单地二分吧！格雷本人就不
关心人生的成败。

斯摩莱特的小说

与格雷成对照的是与他几乎同时代
的小说家斯摩莱特[1]。斯摩莱特在伦敦
的切尔西区成立文学工作室，雇用年轻
知识分子，翻译西班牙和法国的名作，发行种种杂志。他也因写流浪
冒险风格的小说而得到不错的评价。到了晚年，斯摩莱特因为健康状
况不佳，为了疗养身体搬到意大利的利沃诺居住。

斯摩莱特在异国写书信体小说《汉弗莱·克林克历险记》，他晚年
的心境十分平和，在这部小说中也出现大英博物馆：

> 我去大英博物馆，那儿的收藏很棒，想到那是由一位平民
> 医师创立的，就令人瞠目结舌。（中略）但是收藏太过庞大，如
> 果不是分成好几个房间展示，而是只放在一个大房间，会更令
> 人印象深刻，因为还有好几个房间的展品寥寥无几。

斯摩莱特写这部小说是 1771 年，因此推断他去大英博物馆应是开

---

[1] 斯摩莱特（T.C.Smollett，1721—1771）：苏格兰诗人和作家，他的"传奇冒险式的流
浪汉小说"（picaresque novel）影响了之后的狄更斯。他于去世前完成的《汉弗莱·克
林克历险记》（The Expedition of Humphry Clinker）是其代表作。

馆后没多久。他不像格雷是去图书室调查文献，而是混在一般参观者里面，5人一组，以30分钟或1个小时的时间参观馆内的展品。从这本小说可以知道，开馆当时对展品的解说并不充分，有些展示室明显还空着。

18世纪的小说中很少出现有关大英博物馆的记述，斯摩莱特的小说是少数的例外。

约翰逊博士
为何没去？

18世纪中期，伦敦的文学界和社交界最有分量的人是谁？首屈一指的应该是塞缪尔·约翰逊博士吧。他虽然痛失爱妻，但依然在46岁时完成可称为国学的《英语词典》。国王乔治三世认为他贡献不凡，赠予他年金300英镑。他的后半生身边围绕着很多文人画家，可以说约翰逊博士是当时英国文坛的中心人物。

他住在离大英博物馆不远的格福街。晚年时他常常带着为他写传记的弟子博斯韦尔[2]到咖啡馆、酒馆或朋友家，和好友高谈阔论，但是不可思议的是，他几乎没去过大英博物馆。

他与大英博物馆最著名的事迹，是他曾经严厉批评博物馆开馆时的两位副馆长马修·马蒂与查尔斯·莫顿。前者是有名的开业医生，也是作家，写过《切斯特菲尔德伯爵传》等书；后者也是医生，在

---

[2] 博斯韦尔（James Boswell，1740—1795）：著有《约翰逊传》。

荷兰莱登学医，于伦敦开业，医术颇获好评，他还曾经发表以《埃及象形文字和中国汉字的关联性》为题的有趣论文，在学术界颇有名气。

约翰逊博士骂马蒂说："那只黑色的小狗，我真想把他丢到泰晤士河！"又批评莫顿说："他完全无能，每天无所事事，从来不想发挥指导力，是个投机分子。"姑且不论他对后者的批评，他对前者的漫骂显现出他个人的情绪。约翰逊博士生活艰苦，埋首编纂《英语词典》时，曾经去乞求贵族切斯特菲尔德伯爵的经济援助，却吃了闭门羹。而马蒂居然为那种人写自传去拍他马屁，或许因此引起约翰逊博士的不悦。

但是马蒂和莫顿后来都担任大英博物馆馆长，也担任皇家学士院和考古学协会的官员，称得上是当代一流的人物。事实上，记录显示约翰逊曾于1761年取得图书室的入馆证，但是爱憎分明的他，大概不愿踏入有这两人任职的大英博物馆。

托马斯·格雷每天都在大英博物馆的图书室里，孜孜不倦地涉猎历史文献。与他成对照的是约翰逊博士，但约翰逊既然致力于编纂词典，想必不是否定知识之人。他或许是认为人和人之间的交流更重于学问吧。

约翰·济慈的诗

18世纪造访大英博物馆的知名人士众多，若参考图书室的入馆者名簿，有著有《法国革命论》的知名政治家伯克、写《罗马帝国衰亡史》的爱德华·吉本，以及启蒙运动时期的代表人物、苏格兰哲学家大卫·休谟等人。

从 18 世纪末到 19 世纪 20 年代为止，由于法国大革命和拿破仑战争的影响，这时期历史资料室的入馆者名簿付之阙如。我曾为了研究上的需要而查询过，可是却找不到。不过，文学研究者倒是可以根据文人的信函、日记、回忆录等，确定造访大英博物馆的名人。如第三章所述，诗人约翰·济慈便常常造访。

埃尔金伯爵带回来的帕台农神殿大理石雕刻群于 1817 年公开展示，之后画家海登便带着诗人济慈去参观。济慈首次目睹古代希腊雕刻品，感动地说不出话来，还因此写下一首短诗。之后，他一有机会就去参观大英博物馆，不只看了帕台农神殿的雕刻，还喜欢流连在刚刚创设的汤利展示室的希腊罗马雕像和雕刻群前。济慈在那儿看到希腊神话里的年轻牧羊人恩底弥翁大理石像，1818 年，济慈出版 4 册的故事诗，里面就谈到恩底弥翁与月之女神之间的罗曼史。"恩底弥翁像雕刻一样睡着"这节诗句应该是他在汤利收藏中看到"睡着的恩底弥翁大理石像"而得到的灵感。次年，也就是 1819 年的 5 月是济慈抒情颂诗创作的最高峰，他看到帕台农神殿的大理石雕刻群之中，装饰在神殿墙壁的带状装饰，于是便在《希腊古瓮颂》中以诗的形式再度具体地呈现祭礼的场面。

这首诗是济慈因看见汤利收藏当中的大理石制"汤利之壶"与另一只壶"波特兰德壶"，感受到这两只壶所显现出的罗马艺术之美，而贴切地以诗来赋予它们生命。前者有酒神和牧神巴克斯的裸像浮雕，姿态非常优雅：

啊　雅典风格的容姿呀！那姿态多么优雅！

　　诗人笔下优美的容姿是看到汤利之壶时惊叹的感觉，接下来数行：

　　森林的小树枝和

　　被脚踩得杂乱的草丛以及

　　大理石的少女和男人的浮雕

　　它们的容姿啊

　　诗里所描写的"森林的小树枝"和"被脚踩得杂乱的草丛"的景象，无疑是波特兰德壶上精巧浮雕的形象化。

　　我们无法确知济慈在博物馆的图书室里阅读了什么文献资料，因为博物馆已经遗失浪漫派时代的图书室阅览者名簿，济慈遗留下来的信函也没有相关的记述。

　　但是这个时代，除了济慈，来此参访的还有以历史小说闻名的斯科特爵士[3]、以《伊利亚随笔选》著名的兰姆[4]，还有刚才提到的诗人雪莱等，他们都是和大英博物馆关系匪浅的人。

---

[3]　斯科特（Walter Scott，1771—1832）：历史学家、诗人。斯科特原本写诗，诗里充满浪漫的冒险故事，但当时拜伦的诗才太突出，遮蔽了斯科特的才华，他便转向小说创作。斯科特首创英国历史小说，写了 30 多部历史小说巨著如《艾文荷》（Ivanhoe），影响了后世许多优秀的作家。

[4]　兰姆（Charles Lamb，1775—1834）：英国著名散文家，最有名的作品是《伊利亚随笔选》（Essays of Ellia）。

狄更斯笔下的绅士

维多利亚时代，有很多大名鼎鼎的文人造访过大英博物馆图书室。这些文人的龙头就是这个时代的代表性小说家狄更斯。由于狄更斯的父亲是滥好人，后来还因为性格软弱温和，甚至导致全家经济陷入困境，父子两人都因为负债而被捕入狱。狄更斯出狱后小小年纪就在鞋油工厂工作，自己赚钱求知，后来在新闻界找到立足点。

他在做新闻记者时，写下成名作《博兹特写集》，他将伦敦不同阶层的日常生活与人生百态用幽默和哀愁的笔触详细地描写下来。在这部小说当中，有一位每天到大英博物馆的绅士：

> 他坐在我们对面，吸引了众人的目光。他之所以引人注意，是因为以前他面前总是摆着装帧漂亮的书籍，现在却摆着两本看起来似乎被虫啃食过、仿佛年纪很大但品位不凡的老犬似的书籍。他早上 10 点就会坐在老位子，他总是下午最后一个离开阅览室。
>
> 离开阅览室后，他会回到哪里？会不会回到有暖气与安静的所在？谁都无从知晓。他整日坐在那儿，趴在桌前，好像要隐藏外套掉了颗纽扣似的。他将旧帽子小心翼翼地摆在脚边，他以为这样可以摆脱众人的目光。

旧阅览室里不难看到这样的绅士。在维多利亚时代，像这种没有固定职业，只是为了消磨时间而来博物馆的人很多。狄更斯对这种人一定是带着羡慕与轻蔑的心情。

年轻的狄更斯新婚时住在伦敦的道蒂街上，离大英博物馆不到 10

分钟路程。他也和《博兹特写集》里的绅士一样，每天早上到博物馆的图书室，坐在固定的位置。但是那间图书室不是 1857 年新设的阅览室，而是 1829 年设于国王图书馆东北端的图书室。与格雷的时代不同，那个房间最多只能容纳 235 人，经常造访的人数大概是 45 人。

穷书生时代的 乔治·吉辛

狄更斯之后的小说家乔治·吉辛[5] 住在伦敦被称为"三文书生街"的格拉布街。与狄更斯不同，吉辛生活贫困时常去的是刚刚落成、拥有圆形屋顶的新阅览室。到了 19 世纪后半，经常来阅览室的使用者为 180 人，一天下来平均会有 450 人，是狄更斯时代的 4 倍。

吉辛虽然没有狄更斯那样优越的才华，但是他对人生的态度很真挚，晚年居住在法国，将他的心境写成代表作《四季随笔》（原名《亨利·莱克罗夫特的私记》）。这本书有这么一段话：

　　我在伦敦生活贫困的时候，没有想过我以后可以靠文笔赚取生活费，当时简直就像无后顾之忧似地专心读书，并且在大

---

[5]　乔治·吉辛（George Gissing，1857—1903）：年轻时穷困潦倒，曾因偷窃同学财物而被捕入狱，甚至被迫辍学。后来开始小说创作，刚开始时未获好评，第二部小说开始得到肯定，但依然入不敷出，只好以做家教为生。早年困顿的生活成为他小说创作的养分，他经常前往大英博物馆，作品中不时提到那里。著名的作品有《四季随笔》（The Private Papers of Henry Ryecroft）。

英博物馆里度过无数时光。

吉辛在穷书生时代并未屈服于贫穷生活，他寻求精神食粮，每天前往大英博物馆，沉醉于书堆中。在某种意义来说，那段岁月对他而言是至高无上的幸福时光。他在那段人生不如意的时期，未曾停止努力，最后终于有了丰盛的收获。

吉辛在初出茅庐的时期就马上结了婚，并写下与自己的青春诀别的小说《生为放逐之身》。这本小说的第 3 部开头有这样的描写：

> 下午，离开公司恢复自由之身之后，戈德温前往大英博物馆。最近他好几次去那儿读书。他向馆员申请的几本书当中，有一本是以德文写的罗伊德的《圣经与自然》，他稍微翻一下书，就被内容吸引住，花了两三个钟头埋头读。在这段时间里，他几乎没有改变姿势。他将其他书堆起来当书架，两手交叉摆在书桌上，弓着背阅读。他专心阅读中的表情颇为严肃。（中略）
>
> 不久他疲倦了，身体向后仰，盘起腿，躺靠在椅子上，半个小时左右什么也没做就只是浮想联翩。他打个哈欠，心里想到了该和这股学术气氛道别的时候了。

读到这样的描述，对曾在大英博物馆巨大阅览室里、坐在满满的书籍之前阅读数小时的人来说，一定会觉得好像是在描写自己吧。

吉辛和狄更斯不同，在大英博物馆的经验对他的写作相当重要。除了这两部作品之外，还有《解放者》《冥界》《漩涡》《得撒》《新三文书生街》《所属不明者》等超过 10 部的作品言及博物馆[6]。在作品《所属不明者》中，有下列的描写：

> 尤其是每个星期一、星期六的下午，没有事做。最近天气不好，但是这也没办法。如果外出，常会碰到大雨，我想不出除了到大英博物馆之外，还有什么好地方可去。

此地因为常下雨，"我"哪儿也不想去，就到大英博物馆吧！书中的主角绝不是要去博物馆参观，而是要到阅览室消磨时间。实际上大英博物馆的阅览室尽管有不少来自世界各地的学者，但是英国人之中也有很多从早到晚在阅览室只是为了消磨时间。

哈代描写的展示室

与吉辛几乎同时代的作家托马斯·哈代也是展示室的常客，他的作品里经常出现大英博物馆展示室的描写。他年轻时一度立志要当建筑师，因此对博物馆内的空间很有兴趣。他写道：

---

[6] 《生为放逐之身》（*Born in Exile*）1892；《解放者》（*The Emancipated*），1890；《冥界》（*The Nether World*），1889；《漩涡》（*The Whirlpool*），1897；《得撒》（*Tirzah*），1887；《新三文书生街》（*New Grub Street*），1891；《所属不明者》（*The Unclassed*），1884。

他从博物馆镀金金具的玄关门进入馆内，通过雕刻展示室，走到地下特殊展览室。那儿排列着亚述帝国首都尼尼微的浮雕。地下展览室有些寒冷，听不到半点声音，他心情很平静。这里没有任何参观者，只有壁面角落两尊相对而视的黑色小石像。这里是人迹罕至、被古美术和信仰包围的神殿。信仰弥漫着整座神殿。

　　在大英博物馆内，哈代对古代亚述帝国神殿的异教神祇拥有强烈的怀思；而在狄更斯和吉辛作品中就看不到这样的心情。换言之，在信仰方面，最接近正统派的是狄更斯，站在另外一端的是哈代。如果站在亚述帝国的神殿当中的是狄更斯，他的心灵绝不会感觉满足吧！

"推动20世纪"的人们

　　大英博物馆新的展览室完成之前，被祖国德国驱逐出境的社会主义者马克思居住在伦敦汉普斯特德近郊，忍受着贫穷的生活。30多年间，他往返于大英博物馆，并在那儿写下《经济学批判》（*Zur Kritik der Politischen ökonomie*）与《资本论》（*Das Kapital*）一、二卷。同样是来自德国的社会主义者恩格斯，不但经常援助贫穷的马克思，还参与写作《资本论》的二、三卷。

　　1984年12月，戈尔巴乔夫造访大英博物馆时，怀念起马克思和恩格斯，说："一切都是从这里开始。"事实上不只这两位，列宁也曾于 1902 年至 1908 年，以"约瑟夫·里希特"的假名，成为阅览室的读者。

19 世纪 80 年代，阅览室的常客面貌登载在伦敦的讽刺漫画杂志《笨拙》（*Punch*）上（1885 年 4 月 28 日）。根据那期杂志，阅览室的常客有诗人斯温伯恩[7]、《英国传记辞典》（全部 21 卷）的著名编辑莱斯利·斯蒂芬[8]、画家雷顿爵士等人。除此之外，还有小说家本涅特[9]、历史学家利基[10]、政治家格拉斯通[11]，以及印度来的甘地与诗人泰戈尔等人，真是英雄好汉齐聚一堂。不只有共产主义者，感觉简直就像推动 20 世纪的人都凑在这里似的。

萧伯纳的感谢

19 世纪末到 20 世纪，从爱尔兰来了两位作家，这两人后来都获得诺贝尔文学奖。第一位是以戏剧《卖花女》（*Pygmalion*）闻名的萧伯纳。在 19 世纪 80 年代，他经常造访阅览室。《华伦夫人的职业》（*Mrs.Warren's Profession*）中有下列场面：

他离开罗素街的街角。那个女人想要安慰他似的边微笑边

[7]　斯温伯恩（A.C.Swinburne，1837—1909）：著有《日出前之歌》等作品。
[8]　莱斯利·斯蒂芬（Leslie Stephen,1832—1904）：著有《18 世纪英国思想史》等作品。
[9]　本涅特（Arnold Bennett，1867—1931）：著有《老妇的故事》等作品。
[10]　利基（W.E.Leeky，1838—1903）：著有《18 世纪英国史》等。
[11]　格拉斯通（W.E.Gladstone，1809—1898）：英国自由主义政治家，1867 年担任自由党党魁。

挥手，对她这样的举动，他回报以勉强的笑容，然后叫了一辆二轮马车，扬长而去。莉迪亚接着到国家图书馆，试图忘记鲁希安的事。他的求婚所造成的内心冲击还残留着，但是已经不再那么强烈了。她埋首读书，直到图书馆要关门，她不得不离开为止。

在萧伯纳的时代，世人并不称阅览室为国家图书馆，但是他这么写也并非错误的称呼。他在壮年期写的喜剧《卖花女》是描述一位贫穷的卖花少女伊莉莎因缘际会认识语言学家希金斯教授，并且从教授那儿学到优雅、准确的英语，不久变身为上流社会的贵妇人。这是一出梦幻般的喜剧，在剧场极获好评。这部作品在第二次世界大战后以《窈窕淑女》为片名，拍成音乐剧电影，长期在伦敦和纽约的电影院上映，深获观众好评。

希金斯教授通晓数国语言，拥有百科全书般丰富的知识，并且用警句和幽默感娱乐观众。这么丰富的知识是萧伯纳在20岁时从穷困的爱尔兰来到伦敦，靠着微薄的文笔收入生活，每天像做功课一样到大英博物馆的阅览室读书得来的。萧伯纳没有忘记他早年的辛苦努力，去世前，他捐赠庞大遗产的三分之一给大英博物馆以为回报。这件事早已成为美谈，在大英博物馆馆员之间口耳相传。

年轻时候的叶芝

另外一位常客是诗人叶芝[12]。在19世纪80年代后期，他也成为阅览室的常客。他居住在大英博物馆后方的街角，每天到阅览室记录祖国爱尔兰的民俗与传承文学，他在《自传》（*Autobiographies*）中这样叙述当时的生活：

> 我每天在大英博物馆度过，心中经常浮现微妙而复杂的感情。寻找想阅读的书籍往往要花费好几小时，因为我没有力气拿起那沉重的图书目录。

阅览室的中央有个圆形的柜子收放图书目录，那份图书目录即使一卷也重达数公斤。看过那份目录的人就会知道它的重量，而且目录的设计非常复杂，据说若能够熟练使用就已经具备一流学者的资格。当我知道叶芝在阅览室检索图书目录时也煞费一番苦心，不禁莞尔。

每天往返于大英博物馆的叶芝，有时难免思念起家乡爱尔兰。1890年某一天，诗人离开博物馆之后，走到附近的舰队街，在一家商店的窗户看见小喷泉滴落的情景而写了一篇短诗：

> 站起来吧！
> 去茵尼斯弗利岛，

[12] 叶芝（William Butler Yeats）：爱尔兰文艺复兴运动领袖。早期的作品具有浪漫主义的华丽风格，中年后的创作受到诗人庞德（E.Pound）的影响，产生激烈的变化而趋近现代主义。1923年获得诺贝尔文学奖。著名的作品有《苇间风》《凯尔特的薄暮》等。

在那儿建一栋由土与小树枝构筑成的小屋。

在那儿开垦九排的大豆田，在蜂蜜箱中收集花蜜，

在蜜蜂飞来飞去的原野，

一个人独居。

对爱尔兰人来说，湖心岛茵尼斯弗利（Innisfree）可说是心灵的故乡。叶芝每天往来于伦敦的住处与大英博物馆之间，靠着阅读故国的古老传说出神，来填补怀乡心灵的空虚。

奇人南方熊楠

19 世纪末，比爱尔兰的萧伯纳和叶芝再晚一个世代，从日本来了两位颇有个性的人物造访大英博物馆。一位是博物学者南方熊楠（1867—1941），另一位是以公费留学身份而来的英语教师夏目漱石。前者是 1893 年来的，后者是 19 世纪的最后一年——1900 年初冬来的。

维多利亚时代的最后 10 年间，有一位日本青年在伦敦过着无拘无束的生活——他就是南方熊楠。这位奇人出生于日本纪州和歌山，为了念大学前往东京。他在东京大学预备科念书，却很快就退学而前赴美国，在美国的各大学间转学，汲取当地的植物与黏菌、动物等生物学知识。此外他还对罕见的民俗传说感兴趣，充分积累博物学知识。由于他记忆力惊人，在美国居留的短暂时间便精通了 20 国以上的语言。

南方熊楠在 1892 年 9 月抵达伦敦，1893 年 9 月，26 岁的他首次造访大英博物馆。在友人的介绍下，他认识了长期担任英国中世纪美术部部长的弗兰克斯。弗兰克斯对东方以及日本的古美术造诣很深。

南方熊楠造访大英博物馆主要是想取得阅览室的阅览许可，但是直到一年半后的 1895 年 4 月，他才获得批准，可真是等了相当久。但是这也不值得惊讶：南方熊楠没有学问上的成就作后盾，当时只是一个从东方来的流浪汉模样的年轻人，再怎么自称有学问，馆方也不会轻易相信。只是博物馆这样的回应，或许让这位年轻人产生了挫折感和不满吧。

关于南方熊楠在伦敦生活的情形，当时他的好朋友本多光太郎（后来成为东北大学的金属物理学者）有下列的记述：

> 他在伦敦时将衣服全部卖光，将得到的钱全花在买书上。他总是光着身子生活。总之，他非常奇怪，夏天时不喊热，冬天时不喊冷。有钱的时候就喝酒，喝起酒来就议论个不停，如果没有可谈天说地的对象，就睡觉。有件关于他"睡觉"的逸事：
>
> 他很疼爱猫，就算租屋闷居，他也不放弃养猫。……冬天的时候，他抱着猫睡觉，只要有猫，他就不需要暖炉。他只有一条薄棉被，其他都卖掉买酒喝了。

总之，他很怪，是个世所罕见的怪人。他取得阅览室阅览许可证时的身份保证人，还为他写推荐信的是协助弗兰克斯的查里斯·理德。1896 年，弗兰克斯退休后，理德成为英国中世纪美术部的部长，给南方熊楠研究调查诸多方便。据说南方熊楠也提供佛教相关的知识给理德，我曾经就此事问过东方书籍部的部长，对方却回答不必对此事作过高的评价。

不过，1895 年前后，东方书籍部研究中国的学者罗伯特·道格拉斯（Robert Douglas）所编纂的《大英博物馆汉籍目录》的序文里，记载目录编纂的协力者中，倒是出现南方熊楠的名字。

阅览室的殴打事件

南方熊楠后来总算被大英博物馆的阅览室接受为研究者，此后有两年时间他都安稳地埋首研究与读书。但是没过多久在那个阅览室中发生了令人遗憾的事，时间是 1897 年 11 月 8 日。

南方熊楠早就对阅览室一位研究教会美术的英国青年乔治·丹尼尔斯看不顺眼。某天，丹尼尔斯将墨水洒在南方熊楠身上，让他很生气，双方一言不合便开始斗殴。寂静的阅览室因为这场斗殴，气氛变得很诡异。

南方熊楠在日记中这么记载那天的事："下午进入博物馆书籍室时，与外国人殴打……成为大骚动。"馆方自然不会对这桩不寻常的殴打事件置之不管，馆员向理事会报告此事，结果南方熊楠被要求写悔过书，并且暂时停止使用图书馆。

一波未平，一波又起。熊楠于翌年 2 月，与丹尼尔斯再起争执，之后他写了一封道歉函给对方。此外，那年 12 月，以"女性读者的私语造成干扰"为导火线，他又与博物馆职员发生争执。

于是理事会处罚南方熊楠的方式是禁止他再进入阅览室，他终于不得不放弃在阅览室读书与研究的计划。这样的事例在大英博物馆很少见，凯吉尔的《大英博物馆的故事》中也提到"日本的社会学者有粗暴行为"，这个"社会学者"毫无疑问是指南方熊楠。他在向理事会提出的悔过书当中有这样的叙述："我以斯宾塞[13]为模范，为了研究社会学而来贵馆……"南方熊楠在阅览室的殴打事件就谈到这里为止吧。

之后到 1900 年，也就是南方熊楠回国为止的一年多时间里，他都不得进入阅览室，生活因此变得很散漫，但是他待在伦敦长达 8 年，依然从博物馆获得大量且广泛的知识。不止于此，南方熊楠在伦敦还结交了几位亲密的好友，成为他滋润心灵的来源。

夏目漱石去过吗？　与南方熊楠相比，夏目漱石与大英博物馆的关系就比较淡薄，可能是因为两者性格迥异。熊楠外向而豪放，漱石内向而神经质；在留学的末期，漱石还罹患"精神病"，每天在伦敦的租屋处过着为疾病所扰的日子。

漱石是在 1900 年 11 月 3 日造访大英博物馆的。

他的日记里虽然记载了这件事，但他只简单写着"参观"，详情并

---

[13]　斯宾塞（Herbert Spencer, 1820—1903）：英国社会学家，主要著作有《社会静力学》等。

不明确。有人问他，他却回答说："我没去过那儿。"

从他的回答来推断，他或许曾和朋友一起去参观大英博物馆，但是次数肯定不多。一般人问有没有去过大英博物馆，通常是指阅览室，漱石也是照对方的问题回答。而根据我调查的结果，他在留学期间并没有取得阅览室入馆证的记录。

漱石与南方熊楠不同，他有日本文部省（教育部）留学生的身份，只要他愿意，要取得阅览室的入馆证可以说轻而易举。但是漱石并没那么做。

他在伦敦的租屋处近乎处于"闭关"状态，买了将近 400 册的书籍，埋首研究文学理论并写下笔记心得。漱石的研究方法独树一格，他习惯在书本的空白处密密麻麻地写下读书心得。

或许这是漱石没有常去大英博物馆阅览室的原因，因为漱石习惯在书上画重点、写心得，但是他在阅览室读书可不能这么做。

不过，如果漱石能够使用大英博物馆阅览室的藏书，就可以省下占留学费用三分之一的购书支出费，也可以过比较丰裕的留学生活，大概就不会罹患"精神病"了。就这层意义上来说，他算是一位不知变通、旧式的学者。

第七章

经历困难的时代——两次世界大战

　　爱德华七世在位的 10 年，被英国人骄傲地称为"古老而美好的时代"。那或许是英国最华美灿烂的时期。1903 年，在大英博物馆北侧开始建造名为"爱德华展示室"的新展示馆。

"古老而美好时代"的开始

20世纪随着维多利亚女王的逝世而揭幕。1901年1月22日,81岁的女王在静养地、英国南部温暖的怀特岛奥斯博恩行宫逝世。

正在伦敦留学的夏目漱石于隔天即23日的日记中如此写道:

> 政府部门升起吊旗,市民穿上丧服。作为外国人,我为了表示哀悼之意,也系上黑领带。
>
> 今天早上我前往购买黑手套,店员说:"新世纪开始的兆头不好。"

就如漱石在日记中所记载,"新世纪开始的兆头不好"。说得相当贴切,当时谁也无法预知,不久之后竟然会爆发带来悲惨大破坏的两次世界大战。

大英博物馆内弥漫着沉重的气氛,让这股气氛更加沉重的是当时馆员的服装。

黑色丝绒高筒礼帽加上男式大礼服,以及白衬衫和坚硬的衣领——这是当时绅士外出的服装。

新王爱德华七世在当年 2 月继位，之后直到 1910 年为止，我们称为爱德华王朝时代，那 10 年可以说是英国最华美灿烂的时期。事实上，英国人骄傲地称之为"古老而美好的时代"，或许就是爱德华七世在位的 10 年。

那位享乐至上的国王爱德华喜欢"豪华雄伟加上放射出灿烂光辉，有些俗气但却很壮丽的外观"（C. 希巴特《伦敦》），新时代的特色在皮卡迪利圆环广场上，A. 吉尔伯特（A. Gilbert）所建的新艺术派风格的爱神雕刻上，表现得淋漓尽致。1906 年完成的花岗岩外观的壮丽饭店也让人立刻联想起巴黎的市景。

大英博物馆附近几家豪华百货公司都是此时开张或整修的，例如牛津街现代百货公司赛尔福里奇（Selfridqes），以及骑士桥的老字号哈罗兹（Harrods）百货公司完成今日优雅的陶砖壁面。的确，当时的风潮是优雅和洗练，喝下午茶的习惯也是在这个时代形成的。

爱德华展示室的建设

在爱德华时代的 10 年间，大英博物馆发展更快。馆方以 20 万英镑巨资买下博物馆周边 619 所房子和土地的所有权，1903 年，在北侧建造名为"爱德华展示室"的新展示馆。

负责建筑设计的是苏格兰出身的伯内特（J. J. Barnet）。原有的阅览室已经开始不够容纳，因此随着这座新馆的建设，馆方计划也在阅览室北侧增设图书馆。

为了与斯默克建造的希腊神殿风格本馆的新古典主义建筑调和，伯内特采用了新艺术派样式。他为了将新馆融入旧建筑物那壮丽庄严的风格里，一定费尽心思。爱德华展示室正面的陶砖使用的是波特兰石，玄关及其台座是优美的花岗岩。内部楼梯的设计也是新艺术派风格，以白色和黑色大理石排成几何学模样。1990年，这座建筑物上面增设日本馆，因此爱德华展示室成为包括地下室、一楼、阁楼、二楼等，实质上共五层的大建筑物。

对参观者而言，它庄严的风格与本馆正面没什么不一样，但是如果从北侧蒙塔古地街（Montague Place St.）眺望这座展示室所在的北侧博物馆，就会产生不同的印象。遗憾的是，它的内部构造不太便利。

爱德华新馆的一楼与本馆的一楼有平面高度上的落差，必须以阶梯连接。造成此情形的原因并不明确，但是到如今这不便依旧存在，并未获得改善。此外，前馆长乔治·希尔爵士（Sir George Hill）批评道："对参观者而言，北侧的入口给人忧郁的印象。"谈到忧郁，斯默克的大英博物馆玄关大厅，从某个角度来看，也给人"阴暗的感觉"，所以我觉得不必刻意强调北侧新馆入口的"忧郁"。

新馆的建筑工程从1904年开始，1914年完工。爱德华七世没看到新馆落成就于1910年去世。喜好豪华与雄伟风格的国王在新馆建到一半就与世长辞，真是令人遗憾。但是历史不允许世人沉浸在个人的感伤当中，历史的巨轮正往可怕的破坏方向滚动。

翌年（1911年），欧洲巴尔干半岛爆发战火。1914年8月4日，英国议会通过对德宣战，世界大战爆发。

新馆落成典礼是在8月4日，新王乔治五世夫妻也莅临典礼。由于时局的关系，落成典礼相当简朴，招待者并未穿着正式礼服，女性的衣裳也被要求避开华丽的色彩。这间新落成的爱德华展示室主要收藏维多利亚时代弗兰克斯努力搜集的日本、中国、朝鲜、印度等亚洲的古美术展品。

在此之前的 1905 年 12 月，在伦敦北郊科林戴尔设置有一座专门收藏报刊的图书馆。这座图书馆是于 1888 年决定建设的，于 1903 年开工，落成后共收藏 53000 多卷的报纸，而一卷的量有多庞大，读者有机会去今日的图书馆申请就知道了。

一卷的报纸厚达 10 厘米以上，尺寸与现在的日报差不多，光是重量就超过 10 公斤。馆员有时会把好几卷的报纸放在木车上，运到阅览者桌边。要将一卷的报纸搬到书桌上颇费体力，我就是在那时产生研究英国文学需要好腕力的念头。我曾经到过科林戴尔，调查那又大又重的旧报纸，真是件累人的工作。

躲避第一次世界大战的战火

第一次世界大战爆发后不久，德军开始发动空袭，大英博物馆不得不将贵重的展品迁移到安全的地方。因此，1916 年时只有展览室与手抄本参考室对外开放，其他展示室都封闭了。

帕台农神殿的埃尔金大理石小壁雕刻群、罗塞塔石碑、希腊陶壶、罗马的青铜像、中世纪的文化遗产，还有亚述帝国的小件艺术品等都迁移到附近的赫尔旁地铁车站。至于亚述帝国的长翅膀的人面牛身浮雕、埃及的拉美西斯二世像等巨大艺术品，只能留在馆内，周围堆满沙袋予以保护。埃及的木乃伊、帕台农神殿的三角楣饰等则迁移到博物馆地下室。贵重的书籍、手抄本、版画等，以共计 16 辆卡车搬运到位于阿伯里斯特威斯的威尔士国家图书馆。这对策发挥功效，大英博物馆在第一次世界大战中因为空袭而遭受的损害仅止两本书。

战争中大部分的男性馆员都被征召入伍，馆方大量雇用女性职员来弥补空缺。此外，还聘请一些有专门素养的教授与学者担任东方部和历史部门的部长，如历史学家 C. 道奇森（Campbell Dodgson）、文学史家西德尼·科尔文（Sidney Colvin）、诗人兼学者劳伦斯·比尼恩[1]等人。当时比尼恩为入伍而战死的 11 位博物馆馆员写了首悼念诗：

> 生存下来的人即使老了，
> 他们（为大战而死的人）也绝不会老。
> 年龄不会让他们疲劳，
> 岁月也不会处罚他们。
> 太阳西沉的时候，
> 或者每天早晨来临时，
> 我们应该会想起他们吧！

让这位诗人进入大英博物馆任职的是科尔文。因为看到比尼恩夫妻有三个女儿要抚养，生活穷困，科尔文便提拔他担任版画和素描部门的副部长。比尼恩上任后埋首研究日本美术。我在读了他的名著

---

[1] 劳伦斯·比尼恩（Laurence Binyon，1869—1943）：大英博物馆东方美术权威，作品有诗集《叙情诗篇》。

《英国美术及诗中的风景》而首次知道他的名字。他在战前曾经担任东京文理科大学（现在的筑波大学）的讲师。

战后的复活

战争一结束，大英博物馆就复活了。不止于此，战后由于捐赠者踊跃，博物馆的收藏品大幅增加。其中有史前时期的石器类 25 吨、燧石 100 件，阿瑟·约翰·埃文斯爵士[2]的古代英国及凯尔特硬币，斯坦因爵士[3]的敦煌收藏等。

斯坦因的收藏品中，最有价值的是好几千件的手抄本，以及好几百件描画在绢布、麻布和纸上的丝路文物。以往这些敦煌绘画几乎都没公开过，非常谨慎地保管在东方部的收藏库中。有次我经由格迪纳部长的导引参观，虽然我对中国古代美术完全不了解，但目睹那些质量冠于世界的收藏品，也知道价值非凡，当下瞠目结舌。根据 D. 威尔逊所述，斯坦因于 1904 年、1913 至 1916 年、1927 至 1928 年三度探险；不只敦煌，他还从吐鲁番前往伊朗，加上 1943 年在阿富汗的喀布尔突然去世为止，总共探险 4 次，前后花了 6 年。

除了斯坦因之外，莱纳德·伍莱爵士（Sir Charles Leonard Woolley）从 1914 年到 1919 年持续发掘美索不达米亚文明的遗迹，在乌尔的王墓

---

[2] 阿瑟·约翰·埃文斯爵士（Sir Arthur John Evans, 185—1941）: 1893 年调查克里特遗迹，发现米诺斯文字，著有《米诺斯文字》等书。

[3] 斯坦因（Mark Aurel Stein, 1862—1943）: 从 1890 年起陆续进行了四次中亚探险。

发现护具、武器、武具、马具和其他石制容器等，带回大量的出土文物给博物馆。参与发掘的不只是伍莱爵士，还有伊拉克政府、美国宾州大学等，三者平均分配工作。从乌尔的王墓发现的文物中，其他有名的还包括公元前 2600 年左右描绘国王飨宴的棋子和游戏盘等。

还有以"阿拉伯的劳伦斯"名号闻名的劳伦斯[4]。他从小就对历史有兴趣，后来在牛津大学念考古学，从 1910 年到 1914 年为止，参加大英博物馆的调查探险队，参与美索不达米亚和叙利亚等地的发掘工作。第一次世界大战中，为了扰乱敌国土耳其，劳伦斯策动阿拉伯民族的叛乱，援助其独立运动。

木乃伊的诅咒与泰坦尼克号

第一次世界大战结束后的 1923 年，大英博物馆的年度参观者超过 100 万人。加上霍华德·卡特（Howard Carter）发掘出埃及第 18 代国王图坦卡蒙（Tutankhamen，公元前 1370—前 1352）的陵墓，引起英国社会很大回响，间接地也使得古代埃及相关展示室的参观者大幅增加。之后，除了第二次世界大战期间之外，大英博物馆的参观者人数逐年增加。在古代埃及展品之中，有一具于 1889 年收藏的木乃伊，传说放置那具木乃伊棺木的棺盖与泰

---

[4] 劳伦斯（T. E. Lawrence，1888—1953）：曾发掘伊拉克遗迹，第一次世界大战时担任英国驻埃及军事顾问，著有《智慧七柱》，后来死于车祸。他的生平被拍成电影《阿拉伯的劳伦斯》（Lawrence of Arabia）。

坦尼克号的沉没有神秘的关联。那具木乃伊被称为"阿蒙·拉"，放在博物馆的埃及木乃伊展示室。

传说搬运这具木乃伊的时候，发生很多死亡与意外事件。为这具木乃伊照相的摄影师，冲洗底片时发现底片上有一张表情恐怖的女性脸孔，那位摄影师因太过惊吓而自杀。也有人说亲眼看到有幽灵从棺木出现，打扫展示室的人也说曾看到遭遇意外事故去世的人影。

由于接二连三发生这种不祥的事，埃及部门的部长就把那具棺木的棺盖卖给一位美国人。这位美国人带着棺盖于1912年从南安普顿港搭泰坦尼克号赴纽约。4月14日，船在北大西洋撞到浮流冰山而沉没。当时棺盖浮在海上，好几名乘客或扶或乘坐其上而获救，但是最后棺盖却在加拿大的圣劳伦斯沉没。

不过，这则传言遭到大英博物馆全盘否定。根据当时发言澄清的巴吉部长的说法，真相是这样的：

> 大英博物馆所拥有的并非引起那桩事件的木乃伊和棺盖。理事会也没有卖任何收藏品的权限。我没有卖棺盖给美国人，棺盖也没搬上泰坦尼克号，自然也没运到美国。馆藏的棺盖现在还在二楼埃及展示室里。

谣言本来就容易夸大、添油加醋。尽管如此，位于大英博物馆北侧二楼的木乃伊展示室，可能还是会让参观者毛骨悚然。我也曾经数度参观过那间展示室，参观者多的时候不觉得有任何怪异，但是只有我一人时，老实说，心里也感觉很诡异。

20万英镑的捐款

从第一次世界大战结束，到1939年与德国再度交战为止，欧洲爆发西班牙战争，英国也有知识分子组织义勇军参战，但是英国境内一直很平静。1931年，杜维恩爵士捐赠20万英镑巨款给大英博物馆。1934年，乔治·尤摩弗帕勒斯（George Eumorfopoulos）捐赠中国古美术品。1938年，在东英格兰挖掘出英国国内前所未有的历史性大发现。从北欧维京海盗船中发现大量古代遗物。这项发现让大英博物馆迈入新纪元。

至于博物馆新增的建筑物，被称为"美术商王子"的约瑟夫·杜维恩（Joseph Duveen）认为应该建筑一座亮丽的回廊来搭配帕台农神殿的大理石雕刻群，因而捐赠了前述20万英镑的建设费。这是大英博物馆首次接受还在世的人物如此巨额的捐款。

可惜的是，对于新回廊的设计，捐款者杜维恩与博物馆理事会从一开始就意见不同。后来双方达成妥协，由美国建筑师罗素·波普（John Russell Pope）负责设计，他因设计华盛顿的杰斐逊纪念堂和国家美术馆而成名。

杜维恩捐款之后，原本承诺一切要交由馆方处理，但是后来从回廊的设计到大理石雕刻群的清洁工作等陆续提出建议。馆方也依其建言，从1932年到1933年仔细刷洗大理石雕刻群。不过理事会的某些成员和馆员对捐赠者如此干涉很不以为然，认为是干预过头，但是由于杜维恩不久就去世，得以免去一场争执。

展览室的工程于1936年开始，1938年完工。之后，帕台农大理石雕刻群在波普设计的陈列方式下，差不多就如我们今日所看到的模样。帕台农大理石雕刻群迁移到新馆后，巴赛雕刻群和海仙女神殿等雕刻品也摆放到杜维恩展示室的邻旁。

但是帕台农大理石雕刻群只是收藏在杜维恩展示室，并没有开放参观。从第二次世界大战后到1962年，参观者都无缘见到。1939年9月，希特勒侵略波兰而爆发第二次世界大战，英国也被卷入其中。为了躲避德军的空袭，杜维恩展示室采取关闭措施。

发掘萨顿·胡 （Sutton Hoo）

1938年到1939年，在东英格兰的萨福克郡，伊迪斯·普雷蒂夫人（Mrs. Edith May Pretty）所拥有的农场上，进行着可能是古代英国考古学上最划时代的发掘工程。那儿的出土品全部被称为"萨顿·胡"。发掘地点在该郡首府伊普斯维奇的附近，离迪宾河约500米一道斜坡上的古墓。首先发掘那座古墓的是当地的业余考古学者巴兹尔·布朗（Basil Brown），墓室建在古代盎格鲁－撒克逊时代的船上。墓室中虽然没有发现遗骸，却也没被盗掘过，因此发现了很多推定是王家陪葬品的遗物。大英博物馆与剑桥大学也派专家加入发掘调查。工程于1965年与1970年持续进行，推测陵墓中埋葬的王室应是盎格鲁－撒克逊时代于624年去世的雷德沃尔德王（Rædwald）或627年去世的王子厄普沃尔德（Eorpwald）或希格伯特（Sigeberht）。

此次最贵重的出土品是今日陈列在41号展示室的头盔、角杯、竖琴、盾、剑，还有豪华的护身具。在这些文物之中，最吸引参观者的收藏物是萨顿·胡的头盔。它是包覆铁与锡的青铜器打造的，一部分还以黄金镶嵌，是件杰出的文物。

其他还有黄金、搪瓷、石榴石、玻璃装饰品，都是极为精巧的逸品。过去盎格鲁－撒克逊时代的文化遗产一直被认为艺术性比较薄弱，但这些出土品可以印证它们其实拥有超乎我们想象的工艺水平。

萨顿·胡的文物一方面呈现出古代盎格鲁－撒克逊社会的风貌，另一方面显示着地中海古代基督教或拜占庭样式[5]以及凯尔特和北欧瑞典的文化风格，它的多样性反映了出人意外的历史。由于这项发现，英国中世纪初期的文化风貌灿烂地展示在我们眼前。1939年遗迹土地所有者伊迪斯·普雷蒂夫人将这些珍贵的文物全部捐赠给大英博物馆。

"自杀性展览会"

1939年夏天，大英博物馆为了躲避战火，和上一次大战采取的措施一样，再次搬移主要的收藏物，太重而无法移动的石像类收藏品便做好防护措施。一年前，威尔士阿伯里斯特威斯的国家博物馆，曾为了防备德军的空袭而进行地下隧道挖掘工程，大英博物馆便把馆内收藏的书籍装箱运送到威尔士。

可以搬移的雕刻群就迁移到市内地下铁的奥尔德维奇车站内，搬运困难的文物便在四周摆置沙袋和铁板等掩护物。虽然这些防护措施和第一次世界大战时一样，但是第二次世界大战的破坏力却大多了。

---

[5] 拜占庭样式：房型建筑的上面有圆形屋顶，金色的镶嵌细工与大理石是其特征。

当然，大英博物馆除了展览室有限开放之外，其他全馆的展示室都全部封锁。

此次受征召而上战场的馆员为 130 人，战死人数众多。但是 1940 年 8 月，在战火下，大英博物馆很罕见地举办了一场名为"自杀性展览会"（这名称可解读成英国式的幽默）的特别展。尽管馆内重要的文物已经都搬走，剩下的也大都以沙袋做好防护措施，因此特别展的文物仅限于英国中世纪及史前时代展示室和中央厅堂两个房间而已。陈列品只限于复制品、重复收藏物、石膏等，并不是真的"自杀性展览会"。不过还是来了很多参观者，可能因为这是战火下少数的"娱乐"之一吧，但是万一在展出时发生空袭，说不定真的会成为"自杀"行为。

事实上，那年的 9 月 18 日，一枚强力飞弹击中大英博物馆并贯穿屋顶，幸好破坏不大。10 月 16 日，一枚燃烧弹又落在阅览室，引发的火被馆员及时扑灭，没有酿成大灾祸。只是那天的空袭，科林戴尔的报纸图书馆蒙受灾害，烧毁了 3 万卷 19 世纪的报纸。

15 万册书刊的烧毁与其他书籍的搬移

H.V. 莫顿（Henry Vollam Morton）在《战争下的伦敦》书中，描写 1940 年安置在伦敦地底的收藏物：

我们走到地下大约 60 英尺的阴暗处，就被防火用的钢铁门挡住，我们摁电铃等待。一会儿后便听到脚步声，有人打开重重上锁的螺栓，接着传来锁被打开的声音。我们经过坡度很大的隧道，来到宽阔洞穴般的房间，那儿灯光明亮，深绿色的捆包和木箱堆积到天花板。到底有多少数量实在无法估计，在走道的两侧便至少堆满好几千个。

我询问："这里多深？"

对方回答："地下 80 英尺。这里是伦敦最安全的地方。"

我检查了一下那里的木箱。里头都是想象不到的大英博物馆的珍宝：埃及的众神像、希腊的青铜像、伊特鲁里亚的铁制品、帕劳群岛的凯撒大理石像、罗马的戒指、从古代的陵墓中发掘的黄金和斑纹大理石壶等。这些文物我前所未见，仿佛置身阿拉丁也会吓一跳的洞穴。

虽然采取这么谨慎的避难措施，但是因为之后的战况越来越激烈，翌年 5 月，大空袭给大英博物馆带来空前绝后的灾难。这次空袭让馆方损失了 15 万册图书。馆方决议必须将收藏物迁往更安全的地方，因此即使在战争中，也编制 2 万英镑的特别预算，在英格兰威尔特郡的科舍姆（Corsham）附近的采石场地下 30 米处，设立一个附有空调设备的宽阔避难所。到大战结束为止，这儿不仅保管大英博物馆的文物，同时也收藏法国政府的文化遗产。此外，战时馆方很多手抄本类的图书资料则是迁移到英格兰北约克郡山地的斯基普顿城里。

1945 年 5 月，德国投降。8 月，日本也无条件投降。经过 6 年，和平总算返回这世界。

虽然英国是战胜国，但依然受到严重的损害，而大英博物馆遭受到的灾难是今日无法想象的。当时只要一下雨，天花板就会漏水，地板则开始积水。中央玄关厅堂被破坏得几乎分辨不出原貌，只有石柱还残留着。

经过最低限度的修复，战后大英博物馆在 1946 年 4 月 24 日重新开放展示室。正面玄关厅堂有相当大的面积在 1941 年 5 月大空袭时，蒙受严重的破坏，因此馆方将修复此处列为最优先项目。今日我们站在大英博物馆，实在无法想象战争破坏的痕迹，可是若看看当时空袭之后的照片，你一定会惊叹大英博物馆竟然能如此神奇地恢复原貌。展示室要恢复原来的样子需要好一段时间，所以全馆修复完工是在 1985 年。花了这么久的时间才修复，可见战争所带来的破坏之严重。

而于 1936 年开工、1938 年完工的杜维恩展示室，也在战争时遭受空袭的破坏。幸而原本收藏于此的帕台农神殿的雕刻群因为及时迁移，完好无损，但是建筑物内部却受到严重破坏。

杜维恩展示室整修完毕而再度收藏全部的帕台农神殿大雕刻群，且再度开放参观是在 1962 年。若自 1936 年开工起算，共花费了 26 年的漫长岁月。

梦幻的大英图书馆增设案

战后的 1951 年，伦敦市当局准备在大罗素街与新牛津街之间的大英博物馆前的区域进行再开发计划，因此讨论起大英图书馆的增设案。1962 年，大英博物馆聘请莱斯利·马丁（Leslie Martin）和科林·圣约翰·威尔逊（Colin St John Wilson）两位建筑师负责此设计案。

他们的设计案是希望保留现在位于新牛津街的圣乔治教堂，并在那个街区建筑宏伟的图书馆。政府于 1964 年许可此计划案，之后开始收购布鲁姆斯伯里区。将博物馆的部分收藏品分散到新馆的扩大案也已成立，但是这个扩张计划却于 1967 年放弃。

我们虽然不清楚那份计划案的详细内容，但是看到保存至今的立体模型，可以想象若完成了应会相当理想。对我这种经历过博物馆与图书馆一体化那种美好时代的人来说，这份设计图与后来成立的大英图书馆分离迁移案比较起来，好处要多太多了。

但是从文化层面和经济层面来评估，就能马上明白这是不可能实现的计划。虽然已经投入 200 万英镑，可是当地居民相当反对拆除地方的历史性建筑物。后来，1972 年 7 月，英国议会通过将图书馆部门从大英博物馆独立出来的法案。从 1973 年起，大英图书馆诞生了。只是大英图书馆从 1973 年诞生到 20 世纪 90 年代依然暂时和博物馆合并。

罗马时代地板镶嵌细工的发现

20 世纪 60 年代的收藏品中，最令人注目的是 1963 年在多塞特郡的欣顿－圣玛丽区（Hinton St Mary）发现的罗马时代的地板镶嵌细工。那是埋藏在农村田地下面的古代罗马人的别墅遗迹，推断是 4 世纪的建筑。

别墅里有食堂和客厅，全长达 8 米，建筑物相当富丽堂皇。

1813 年，伦敦市内也曾发现过罗马时代的地板镶嵌细工，是描画骑在老虎身上的酒神巴克斯，直径只有 1 米多。相较之下，欣顿－圣玛丽区发现的地板镶嵌细工要大上 8 倍，上面描画基督像，是珍贵的历史遗物。

那尊基督像很朴素，充满人情味，衣服线条十分优美。基督像头部后面有"PX"字样，是表示救世主基督的希腊文记号。公元 4 世纪的罗马时代是基督教被承认为合法宗教没多久的时代，如果想到圣奥古斯丁是在 6 世纪末期到英格兰传播基督教的历史事实，那么就可以了解这地板镶嵌细工上所描绘的基督像具有多重大的历史意义了。这表示英格兰在罗马统治下的时代，主要的宗教虽然是密特拉教^[6]，但是在部分地区已经出现基督教的信仰。这件欣顿－圣玛丽区的地板镶嵌细工在 20 世纪 60 年代末期铺在大英博物馆二楼阶梯的地板上，从那个时候起，罗马时代不列颠岛的历史文化遗产展示室急速扩充。对于英国古代基督教信仰的研究，这件地板镶嵌细工拥有极高的历史价值。

"图坦卡蒙王特别展"

1963 年到 1970 年，是大英博物馆在机构上的变革期。首

---

[6] 密特拉（Mithras）：波斯的太阳神。从小亚细亚到古代罗马以及欧洲各地，都有信仰密特拉教（Mithraism）的民族。

先，从 1881 年以来，位于南肯辛顿、一直被认为是大英博物馆分馆的自然史部门正式于 1963 年独立，成为自然史博物馆。1970 年，原本放在馆内民族学部门的收藏物则迁往别处，向伦敦大学借校舍，在皮卡迪利区皇家美术院的后方以"人类学博物馆"的名称开馆。

1972 年 4 月，图坦卡蒙王的特别展示会吸引了大批参观者，创下开馆以来最多参观者的纪录。4 月 2 日的《泰晤士报》这样记载：

> 大英博物馆的图坦卡蒙王展在星期四一开展就涌进 4400 人参观。据说那天早上，第一个拿到入场券的人整整排了 14 小时的队，他的后面还排着 1500 人。到了中午，排队人数达到 2500 人，队伍长达 300 码（约 300 米）。
>
> 那天参观的民众可以在博物馆上周于前庭特别建造的"餐厅"用餐，馆方估计这间餐厅 1 小时可以服务 500 位参观者。

这场图坦卡蒙王展是由伦敦的《泰晤士报》与《星期日泰晤士报》资助，从 3 月 30 日到 12 月 31 日，展出长达整整 9 个月。在此期间参观者总数多达 166, 9117 人。馆方的收入为 65.4 万多英镑，全部捐给联合国教科文组织（UNESCO）。

国外参观者大增

1979 年，撒切尔夫人就任英国首相，战后长期经济不景气的英国社会，总算看到经济复苏的曙光。政府也于此时开始实行"都市再生"计划。19世纪以来因为光化学烟雾，而变得阴郁、肮脏的市街砖瓦房屋和石造建筑物的外观，都以高压水彻底冲洗干净。结果，街头这些一百年，不，两三百年历史的建筑物变得焕然一新，好像刚刚盖好似的。

大英博物馆也不落人后，参与了这项净化运动，洗去长年附着在建筑物表面的黑煤烟，石造建筑的外观恢复到斯默克建筑完成时的洁净清爽。

20世纪80年代，不只是英国，所有发达国家几乎都一副经济繁荣的景象，从外国前来大英博物馆参观的人也增加了。20世纪70年代之前，大英博物馆有一半的参观者来自国内，而且多达四分之三是来自伦敦与英格兰东南部。可是到了20世纪80年代，有七成参观者来自外国。

这些外国参观者当中，大半是来自欧洲大陆的旅行者，其次是美国和日本来的旅行者。此时日本有很多组团旅行的游客，他们若到欧洲旅行，会在伦敦先过一两夜，接着再以白金汉宫、伦敦塔、大英博物馆的顺序乘坐游览车轮流参观。他们在大英博物馆大概花30分钟的时间走马看花浏览一遍。

因为日本观光客人数不少，博物馆的纪念品商店也开始贩卖日语的《大英博物馆介绍》手册。此外，许多银行、贸易公司等日本企业也于英国设立分公司，留在英国的日本人超过10万。这种种因素应该是促成大英博物馆开设日本展示室和在博物馆机构中创设日本部门的重要原因。

随着英国经济好转，以前频繁发生的交通机关的罢工也变少了。在经济不景气的20世纪60—70年代，地铁、巴士、国有铁路等交通机关的罢工都会连带影响到大英博物馆的参观人数，一旦地下铁路和巴士罢工，博物馆馆内就门可罗雀。

| 北爱尔兰纷争的阴影 | 20世纪80年代，大英博物馆和伦敦的市街外貌宛如脱胎换骨，变得非常赏心悦目。但是这个时代发生的并非全是好事， |

20世纪70年代频频爆发的北爱尔兰恐怖暴力活动也开始波及伦敦。动乱的规模虽然不大，但是却刺激着大家对恐怖行为的害怕与警戒心，影响很大。

大英博物馆因此开始在正面玄关处严密检查参观者的身体和携带物品。有时参观者在阅览室读书或检索资料时，会突然听到馆内响起高分贝的警铃声，接着播放广播：

> 我们接获情报说馆内被放置不寻常物品，请各位立刻到馆外避难。

此时英国人表现出的冷静沉着真令人敬佩，他们安静地悠然前往博物馆的前庭。由于这类事情经常发生，大家都习以为常，很少有人喧扰或抱怨。大概只有外国来的参观者会惊慌失措、脸色大变地夺门而出吧。

坐在正面内庭的长椅或玄关旁边的石阶约一个小时，就会再度听到广播：

館内并未发现不寻常的事物，请各位再度进馆。

这样的情形不时发生，但是馆内从未真正发生过爆炸事件。尽管如此，在伦敦中心区金融街的大楼以及地铁车厢偶尔还是会发生爆炸事件，让市民和旅行者都颇受惊吓。

从这个时候开始，阅览室原本宽松的规则变得严格起来，进出阅览室时，都要检查手提包。在 20 世纪 70 年代中期以前，若想进入阅览室，只要馆员认得你的脸，甚至不需要让对方看入馆证，只要双方互相微笑、点个头就可以自由进出。

日制的黏着剂

1988 年夏天，馆方第三次修复罗马古美术逸品波特兰德壶。大英博物馆的研究馆员奈杰尔·威廉斯（Nigel Williams）与桑德拉·史密斯（Sandra Smith）两人使用现代研发出的精密技术，想将此壶修复得更完美。

此壶在 18 世纪由汉密尔顿爵士购买并送给波特兰德公爵夫人，再捐赠给大英博物馆，但在 1845 年很不幸地被一名爱尔兰青年砍碎。后来经过修复，勉强恢复原来的样子。之后于 1947 年，第二次尝试修复，这回加入在馆内小箱找到的 37 个碎片，用动物性黏胶接合。

第二次的修复工程是由阿克斯特尔研究馆员负责的。从 20 世纪 60 年代到 1988 年，我曾去大英博物馆看过好几次，觉得修复得并不完善：裂缝还是颇明显，很难说已达完美的状态。

第三次修复工作从 1988 年夏天开始，1989 年春天完成。这回吸取以往的经验，使用更高超的技术与效果更好的黏着剂，可说是欲毕其功于一役。我在伦敦通过 BBC 的报道详细观看了这次修复的过程。BBC 在特别节目播放波特兰德壶的复原工作流程，换言之，对 BBC 而言这是值得记录的历史性镜头。那个时候，最令我印象深刻的是使用日本制的黏着剂来连接壶的碎片。根据 BBC 的说明，这个日本牙科治疗用的黏着剂是现在世界上黏着力最强、质量最好的黏着剂。黏接好碎片之后，再以树脂剂涂在碎片与碎片的接缝上，最后看起来完全没有修复的痕迹。

波特兰德壶恢复原状了。

今日，波特兰德壶静静摆在博物馆二楼的希腊罗马展示室的玻璃柜中。我曾经两次目睹这只壶的修复。几乎完全恢复原状的壶，宛如历史的见证人，刻下寂静的时间，仿佛向参观者述说济慈曾经说过的"美是永恒"。

事实上诗人济慈曾看到这只壶破碎之前的样子，他因而获得伟大的灵感，写下有名的诗《希腊古瓮颂》。

对现在将近 800 万件的收藏物来说，博物馆的化学保存部门和科学研究部门所扮演的角色越来越重要。前馆长 D.M.威尔逊说：

> 我们拥有优秀的修复保存部。在防止收藏物劣化与损害上，这个部门现在站在世界的最前端。他们的工作集中在科学方面的研究。

（摘录自《大英博物馆的舞台后面》）

查尔斯王子的苛评

不用说，波特兰德壶能完全修复就是"科学方面研究"的具体成果。

20 世纪 90 年代，从大英博物馆开馆以来就一直与之共存的图书部门——大英图书馆——必须移至国王十字区。如前所述，大英图书馆的分离搬移计划在 20 世纪 80 年代就具体进行。1989 年，红砖瓦建筑的国家图书馆落成。查尔斯王子于 1989 年出版的《英国的未来像》中，却给了严酷的批评，他写道：

> 我们的国家设施没有什么可引以为傲的。花费巨资建筑的大英图书馆让人印象薄弱，好像砖瓦风格的乡下房舍大拼贴。它似乎还在摸索象征性意义。人们或许会认为哥特样式的圣庞克拉斯车站比较像图书馆，而这个新图书馆比较像车站。（中略）罗伯特·斯默克那拥有壮丽圆形屋顶的大英博物馆图书室将学问与古典的根源连接在一块儿。萨克雷[7]写道："这儿扩展的是什么样的和平、什么样的爱、什么样的真理、什么样的美呀！"
>
> 柯林·圣约翰·威尔逊教授设计的大英图书馆读书室没有那样的回响，没有"爱"，没有"真理"，也没有"美"。

这座新图书馆被当时的王子批评，或许使馆方相当气馁吧。因为从 1980 年到 20 世纪 90 年代，我好几次询问图书馆部门的人"什么时候会完成迁移"，对方的回答总是很消极。

---

[7] 萨克雷（W.M.Thackeray，1811—1863）：代表作是《名利场》（*Vanity Fair*）。

日本美术专门展示室的完成

20世纪80—90年代，新时代的浪潮光临大英博物馆北侧展示室。1986年，在爱德华展示室举行"日本展示室"的动工典礼，并且还从日本请来神主举行日本传统的神道式动工仪式。这是在一百年前根本无法想象的光景。现在博物馆拥有25000多件日本美术收藏物，无论质或量都是欧洲的博物馆中最杰出的。当时便开始有许多人建议应该成立新的展示室，以便能够时常展示这批庞大的文化遗产。20世纪70—80年代，一家前往伦敦拓展事业的日本大型企业答应支付建设新展示室的大半经费，于是日本展示室开始动工。在此期间，岩永照子女士自我牺牲式的奉献，在相关人士中获得很高的评价。

这座新馆于1990年完成，日本美术的专门常设展示室终于实现。翌年，英国举办"日本年"主题展，这个展示室也举行特别展"镰仓展"，以中世纪日本雕刻和绘画为主，吸引了很多参观者。

1992年，由于朝日新闻社的捐款，在爱德华展示室一楼最西端设立了一间常设展示室，展示从2世纪和3世纪印度阿姆劳蒂遗址发掘出来的佛像等雕刻品。同年，以来自韩国基金会和韩国企业为主的捐款，在这个展示室的二楼开设另一间展示室，展示优美的高丽白瓷、青瓷和绘画等。从这时开始，韩国来的参观团体也急速增加。

其他展示
室的开设

第二次世界大战后的40年间，对目睹大英博物馆发展的人来说，有一处空间的使用法始终无法理解，那就是宽广的地下室。在那间地下室开设展示室是1985年以后的事，由于伍尔夫逊家捐赠基金，一次设立了14个展示室并对外开放。

19世纪初，设立汤利展示室新馆，展示汤利搜集的古代希腊罗马美术收藏，但是随着旧蒙塔古馆的拆除，这间展示室也一起予以拆除。之后，虽然斯默克建设新馆，但是汤利的收藏品却没有受到重视。第二次世界大战中，它们被摆放到地下室，战后也暂时顾及不到这些收藏。1976年的《大英博物馆介绍》手册中，已经完全看不到"汤利收藏"的字眼。

的确，汤利收藏或许远远不如帕台农神殿的雕刻群，但是那批收藏品行踪不明却无人闻问，真是不可思议。

直到1985年，由于伍尔夫逊基金会的捐助，在地下室开设14间展示室，汤利收藏品才与其他古希腊罗马美术品一起再度展示在参观者眼前。可是那批收藏品当中，包含很多赝品。事实上，大英博物馆于1986年举行体现英国式幽默的"大赝品展"，展示希腊神话里的牧羊青年恩底弥翁大理石像等几尊雕刻赝品，以及罗马时代的战车等，仿造的精巧程度令人惊讶。

大英博物馆里居然有这么多赝品，实在让人吃惊，这或许表示连专家也很难鉴定古美术品的真伪。但是毫无疑问，赝品如果制作得很精巧，也自有它的价值。今日大英博物馆地下的古希腊罗马收藏物当中就夹杂着赝品，只是我们外行人不容易看出真伪。不管怎样，1985年以后大英博物馆增加了14间展示室，真可谓收获丰硕。

在纪念开馆 250 年的活动中，因大富翁塞恩斯伯里（Sainsbury）家的捐款，在北侧地下楼又增设 5 间展示室，称为"塞恩斯伯里非洲展示室"，主要是展示埃及以外的非洲各国的古代民族资料，例如古代埃塞俄比亚（Eithiopia）、突尼斯、坦桑尼亚、尼日利亚、毛里塔尼亚（Manritania）、科特迪瓦等以往少为人知的非洲国家的历史文化遗产。这些收藏都是世界上规模最大的。

此外，在南侧地下室，由福特财团基金赞助而设立了福特青少年中心，以及由克罗基金赞助而设立了克罗教育中心。往昔被长年闲置仿佛仓库似的宽阔地下室，在这 20 年间总算被活用了，感觉好像睡了一觉，终于苏醒过来似的。

大英博物馆于 20 世纪 80 年代开始进行迁移计划，1998 年，完全迁移到圣庞克拉斯区建好的新馆。如序章所述，那块地整理好之后建造成大庭院，2000 年 12 月，为了纪念千禧年而开放。2003 年，启蒙运动展览室落成，大英博物馆信心十足地大步迈向新世纪。

大英博物馆的种种珍藏

　　帕台农神殿雕刻群、埃及的亡灵书、复活节岛的摩艾石像、古代凯尔特艺术、拜占庭美术——世界种种文明的精神和灵魂都在此一一苏醒。

　　关于大英博物馆的主要收藏物，前面已经大致叙述了，但还有一些珍品没有提到。这章就来补充介绍大英博物馆各式各样的珍藏。

```
╭─────────────────────────╮
│ 塞 勒 涅 乘 骑 的 马 与 │
│ 帕 台 农 神 殿 雕 刻 群 │
╰─────────────────────────╯
```

　　帕台农神殿正面三角楣饰的大理石马像雕刻得格外精致。神话中，月神塞勒涅骑着这匹马渡海。虽然只有马的头部浮出海面，使得参观者欣赏的时候必须发挥想象力，但是马的雕刻非常逼真。古代希腊人喜爱马，只要是马的雕刻都很精巧，小壁雕刻的中楣里就有好几十匹马。

　　这匹塞勒涅的马的邻旁，是爱与美的女神阿芙洛狄忒的雕像。马在海中行进时激起稍许海浪，海浪冲击塞勒涅脚下优美的衣裳，形象逼真到让人觉得那衣裳是潮湿的。雕刻群的相乘艺术效果是这件三角楣饰的特征。三角楣饰的右端最狭窄，因此那里只雕刻马的头部，左侧是横躺的阿芙洛狄忒，以及坐着让她倚靠的赫斯提亚（Hestia，司炉之女神），再左邻是身材最高的狄俄涅[1]，三角楣饰的左侧并列着德墨忒尔与阴间女王珀耳塞福涅母女的坐像。

这些女神是希腊神话中最富有话题性的神祇，她们不只在这座帕台农神殿出现，在大英博物馆的希腊罗马展示室和汤利展示室也有她们的雕刻。女神丰丽的身躯与飘逸的衣裳，给了19世纪前拉斐尔派[2]的画家极其丰富的灵感。

装饰在杜维恩展示室的南侧与北侧长壁面的小壁雕刻上，有众人骑马前往参加泛雅典娜节（Panathenaea）[3]的景象。若拿它和亚述帝国浮雕比较，你就会明白它的表现力是何等鲜活和精巧。

诗人兼画家威廉·布雷克的作品和乔叟的《坎特伯雷故事集》[4]中都描写过骑马朝圣的队伍，那些马蹄的细部描绘跟帕台农神殿小壁雕刻的骑马队伍很相似。

这座帕台农神殿的雕刻中，还有另一件叫作美特普的壁面雕刻，用16张大理石板雕刻着半人马族与拉皮泰族之间的战斗场面（battle between Centaurs and Lapiths）。半人马族是腰部以上是人、下半身是马的怪物。

---

[1] 狄俄涅（Dione）：罗马神话中爱神维纳斯的母亲。

[2] 前拉斐尔派（Pre-Raphaelite）：1848年开始的艺术运动（也是艺术团体），由三名年轻的英国画家发起，目的在于改变19世纪中期的艺术潮流，主张回到15世纪文艺复兴初期有大量细节、色彩强烈的画风。

[3] 泛雅典娜节（Panathenaea）：古代雅典最盛大的国家祭典，每年在女神雅典娜的生日举行，内容包括祭仪和竞技。

[4] 《坎特伯雷故事集》（The Canterbury Tales）描述要去坎特伯雷朝圣的29名朝圣者讲述的故事。他们投宿于伦敦的客店里，朝圣者中有骑士、僧侣、商人、纺织匠、医生和地主等，每个人讲故事来排解旅途中的无聊。来自社会各阶层的朝圣者口中讲述的故事，呈现了爱情和骑士探险、宗教道德故事以及动物语言等，包罗万象，被认为是英国诗歌的基础。

克尼德斯的女神德墨忒尔

帕台农神殿的三角楣饰左侧有德墨忒尔与珀耳塞福涅母女的坐像。它已经失去头部，看不到德墨忒尔身为母亲的表情。

1857 年，在克尼德斯岛挖掘出刻在大理石上的德墨忒尔像，这座雕像的双臂都已佚失，大小与一般真人差不多。查尔斯·牛顿在小亚细亚的克尼德斯岛掘出这尊雕像的时候，据说头部与身体部分是散在两处的。

这座德墨忒尔像被认为是公元前 4 世纪中叶左右参与陵墓建筑的莱奥哈雷斯（Leochares）所制作的，是古代希腊雕刻的逸品。

德墨忒尔是大地女神，却也是位不幸的母亲，因为她的女儿珀耳塞福涅被冥王哈迪斯带到冥界（地狱）去了。每年到春天，珀耳塞福涅才能从冥界返回人间与母亲相聚。

这座德墨忒尔像的表情是母亲引颈期盼爱女许久，压抑着内心悲伤以及期待与爱女再聚，悲伤与期望两种感情纠结在一起的复杂神情。但是毕竟她是位母亲，有身为母亲的稳重感，也或许是她穿着包住全身的厚斗篷之故，那编织的长发垂到肩膀，看起来非常端庄，有年轻母亲的气质。

她失去的两只手臂推测原本应该是拿着祭祀的酒杯或是火炬。女神的御座可能原来附有靠背。那座女神的神殿原本位于克尼德斯岛断崖的下面，刻成雕像的大理石据说是从帕罗斯岛搬运来的。

陵庙的巨大石像

1世纪中期，圣保罗两度到现在的土耳其费索斯传教，此处自古以来就耸立着阿尔忒弥斯[5]神殿。这座神殿正面的列柱所描画的古代硬币，现在展示在大英博物馆的硬币室中。这座神殿于公元前4世纪被破坏，之后才又重建。

1869年，J.T.伍德（John Turtle Wood）在那座神殿的遗迹中，发现刻有人物像的巨大石造圆柱，被称为陵墓的圆柱雕像。

石柱上雕刻了几位出自于神话的人物，其中最令人感兴趣的是哈迪斯与珀耳塞福涅的雕像。春天来临，珀耳塞福涅正要踏上重回人间的旅程。

也有一说，哈迪斯与珀耳塞福涅虽然是一男一女，但是原本是同体。在希腊罗马神话里常常有这样的事例，珀耳塞福涅被哈迪斯掳到冥界，前者是冥界之王，后者成为冥界之后。

但是珀耳塞福涅在春天来临时，都会离开冥界，重新在人间苏醒，所以被认为是春天之生的象征。雕刻中的珀耳塞福涅似乎在向站在右侧的哈迪斯告别，她以右手拎起外套的衣褶，那件衣裳看起来轻柔而优美。而哈迪斯仿佛不舍别离，神情悲伤地注视着珀耳塞福涅。

除了这两尊神祇，还有伊菲琴尼亚[6]，她正被献祭给阿尔忒弥斯女神。

178

---

[5] 阿尔忒弥斯（Artemis）：希腊神话中的月亮与狩猎女神，对应于罗马神话中的戴安娜女神。宙斯的女儿、太阳神阿波罗的妹妹。阿尔忒弥斯神殿是世界七大奇迹之一。

[6] 伊菲琴尼亚（Iphigeneia）：特洛伊战争中因父亲触怒女神阿尔忒弥斯，伊菲琴尼亚被当成祭品献给女神以平息她的怒气。

大英博物馆里有几座巨大的大理石像，可是这几尊这么大的石柱雕像却绝无仅有。

年轻的牧羊人恩底弥翁

希腊神话中的年轻牧羊人恩底弥翁被月亮女神爱上，浪漫派诗人济慈把它改写成恩底弥翁热恋月神的情节，于 1818 年出版故事诗《恩底弥翁》。这部作品可说是济慈的代表作。

话说大英博物馆的汤利展览室完成之后，济慈常常造访，他看见汤利收藏品中横卧的恩底弥翁大理石像。查尔斯·汤利应该是在罗马购买这座恩底弥翁像的，但是他一定不知道这是赝品，直到许多年后，世人才发现。我也是于 1986 年大英博物馆举办"大赝品展"时，首次知道那是仿造的。

虽然是赝品，不过我觉得雕刻在大理石上的恩底弥翁很精致，具有很高的艺术价值。所以博物馆现在仍然展示着它，20 世纪 80 年代的"大赝品展"也堂堂正正地推它出来展览。

济慈的《恩底弥翁》以"美丽的事物成为永远的喜悦"作为全诗的开端。恩底弥翁要接近月亮女神时，她就消失无踪，恩底弥翁便从地上寻找到地底，又从海底追到天上，追求美与爱。年轻人苦苦追寻的结果，是他终于理解自己在寻找的不单单是肉体的爱欲，而是真正的爱。

映入我们眼帘的

是爱的光芒　她让我们产生新的感觉

我们惊讶　心思杂乱　最后

我们与那灿烂的光芒

合为一体　成为光的一部分

这是恩底弥翁领悟出的最高境界的思念。当然希腊神话里面没有这样的象征意涵，这是经由济慈的想象力引导出来，并投影在恩底弥翁身上的理想的爱情。

不用说，汤利收藏品中的恩底弥翁大理石像并不是济慈呈现的那种理想爱情，反而是在表现这个年轻人被动地接受月亮女神的爱，最后心中的爱恋被唤醒的瞬间。

古代凯尔特的艺术

从公元前 5 世纪到公元前 1 世纪，凯尔特民族文化圈在欧洲广泛扩张。在这 600 年间，凯尔特民族迁移最频繁的地方是不列颠岛与爱尔兰，在这些地方发现很多显示出他们民族痕迹的遗迹和遗物。现在在苏格兰、威尔士、康瓦尔和爱尔兰都居住着很多凯尔特民族的后裔。

古代凯尔特民族有许多优美、富有艺术性的生活用具。尤其是迪斯巴拉的镜子，它那凯尔特纹样的设计，即使以现代的审美眼光来看，依然令人感觉新鲜与惊叹。那设计有部分看起来像罗马样式，但是就算在欧洲大陆，像这么杰出、富有艺术性而精致的镜子也绝无仅有。究竟凯尔特的工匠是从哪里学来这么精致的技术？真是不可思议的问题之一。

　　同样显示凯尔特独特样式的，还有被称为"特尔克"（torgue）的首饰和腕环，其细工令人惊艳。特尔克是用粗金属制的细线扭成的装饰品，大英博物馆展示的金黄色特尔克是在尼德伍德森林出土的首饰。这件首饰以金色细线扭成饰品的两端装饰着美丽的凯尔特民族纹样。

　　根据历史学家的研究，凯尔特男性战士也佩戴特尔克，但不是这么优雅的款式，而是用细线扭成的很朴素的腕环。这件黄金特尔克可能是贵族女性才佩戴得起的饰品。

　　从不列颠岛的古代罗马遗迹中，也发现受凯尔特民族风格影响的纪念碑和雕刻。从北安普敦郡托斯特遗迹出土的女性头部石像，脸的部分明显看得出是罗马人，头发的编织模样却是凯尔特的样式。

　　凯尔特战士使用的武具和武器，很多具有艺术上的价值。被称为巴特西·希尔德的盾在第五章已经提过，其他还有铜制的盔甲和铁制的剑。

　　博物馆展示的凯尔特盔甲有两件，都是在泰晤士河畔发掘的。一件前端呈尖状、左右有两支耳形的角，另一件盔甲上则附有凯尔特纹样的帽遮。与罗马战士的武具比起来，这两件盔甲的精巧度有过之而无不及。

　　从这些武具来看，凯尔特民族的性格似与罗马人不同：他们不喜欢以武力侵略其他民族，而毋宁是尊重武具的艺术性，并引以为傲。在罗马时代的不列颠岛，罗马人与凯尔特人混居在一起，罗马人应该是在那时受到凯尔特美术的影响。

　　不列颠岛从公元 1 世纪到 4 世纪末期，属于罗马帝国的统辖范围。

大英博物馆有块 1 世纪左右担任不列颠行政长官之人的墓石。其名叫尤里乌斯·阿尔皮诺斯·克拉西基亚努斯（Gaius Julius Alpinus Classicianus）。石灰岩的墓石长 2.28 米，质地相当精致。

由于墓石是石灰岩，推定可能是从英国南部地方产出的。克拉西基亚努斯由皇帝尼禄（Nero）任命，他的任职时间不明。不过已知他的继任者是在公元 65 年上任，所以他任职应该是在公元 65 年之前。

克拉西基亚努斯去世的年份也不明确，估计在公元 65 年左右。从墓碑上的名字可以知道，那座墓是由他的妻子尤莉亚·帕卡达·印蒂安娜所建的。

这块墓石最初是在 1852 年于伦敦金融区的三一广场发现的。当时只发现了一部分，之后，在 1885 年与 1935 年三度挖掘，光以现在在博物馆展示的墓石来分析，应该还有残余的部分留在地下。

有趣的是，那块墓石的断片是 4 世纪罗马军建筑城墙时基石的一部分。也就是说，4 世纪时的罗马人不记得 300 年前行政长官的名字。

但是罗马著名的历史学家塔奇托斯（Cornelius Tacitus）在其《年代纪》中，明确记述不列颠行政长官克拉西基亚努斯的名字，可见他在历史上并不是无名之辈。无论如何，这块巨大墓石无疑是不列颠岛罗马时代贵重的历史文化遗产。

拜占庭美术与洗礼者圣约翰的圣像画

罗马帝国没落后，拜占庭美术在君士坦丁堡皇帝登基时达到极盛期，这是在6世纪。之后一直到13世纪被十字军攻占为止，拜占庭的首都君士坦丁堡都是世界上艺术最精致、洗练的都市。

和西方美术比较，拜占庭美术拥有传统的基督教样式。其中，象征东方教会基督教信仰的圣像画中，很多是描绘耶稣基督的门徒和圣人或是相关的奇迹。

大英博物馆收藏着约100幅优美的圣像画，其中最精致美妙的是描绘洗礼者圣约翰的木板镶嵌画。它的崇高精神性令人认为这很可能原本是贵族所有。

洗礼者圣约翰是耶稣的侄子。根据《圣经》，圣约翰走在犹太的荒野，穿着骆驼毛衣，腰部系着皮带，以野蜜维生，不时喊着："天国近了，你们应该悔改！"他在约旦河与耶稣相遇时，约翰说："我当受你的洗礼。"可是耶稣还是坚持要约翰用约旦河的水帮他洗礼。这幅洗礼者圣约翰的圣画像被认为是14世纪左右的作品，木板之上铺着木棉并被涂以金黄颜料，用蛋黄彩料描绘的这幅画，满溢着崇高的精神性。

此外，还有被推定为14世纪后半叶的作品、圣乔治的圣像画，也是以同样的技法描画的蛋黄彩料。这是俄罗斯北部东正教的文物，此处的教会现在仍然崇拜圣像画。

圣乔治骑着马击退龙，这是有名的传说，西方绘画中也有好几幅以这个传说为主题的名画。在大英博物馆展示的这幅圣像画中，圣乔治骑着黑马，这样的表现方式很罕见。此外还有其他很多优美的作品，例如描绘"圣母玛利亚与婴儿耶稣"的圣像画就显现了拜占庭美术的特征。

埃及的王室和高官在死后埋葬时，有一种被称为"亡灵书"的陪葬品。大英博物馆收藏200件以上写在莎草纸（papyrus）上的亡灵书，这是第18王朝时代（公元前1552—前1306年）的文物。莎草纸是以苇草的茎制成的，写在莎草纸上的亡灵书，内容长的有200张，若全部展开来能长达数十米。

其中著名的"汉尼夫"（Hunefer）亡灵书色彩美丽，人物的表现也很鲜明，令人兴趣盎然。

汉尼夫是塞特斯一世（Sethos Ⅰ）（第19王朝，公元前1290—前1279年在位）的书记官，我们来看看他的"亡灵书"上的故事。从左边开始读起的亡灵书记载如下：

汉尼夫被亡灵接引神阿努比斯（Anubis）带到天秤前面。他的心脏被放在天秤上称量，证明与"真实"的羽毛重量一样。监视那个天秤的是托特（Thoth），它站在阿努比斯的右边，注视着测定的结果。

证明灵魂干净无垢后，汉尼夫通过审判，被鹰头的太阳神荷鲁斯（Horus）带到地狱审判官欧西里斯（Osiris）面前。欧西里斯是冥界之王，他的后面站着众神之母、欧西里斯的妻子丰牧女神艾西丝（Isis）。

这份亡灵书的上段，描绘着14名小神并列观看汉尼夫的审判情形。在他们的下方是一段古代埃及象形文字，内容是这样的：

我没有带来劳苦与饥饿，也没让人哭泣，没杀人，没有命令别人杀人，也没让人痛苦。

（引用自《大英博物馆从 A 到 Z》*The British Museum A-Z Companion*）

值得一提的是，莎草纸以尼罗河流域蔓生的苇草茎制成，将其压平，用糨糊糊连成纸状。古老的莎草纸在公元前 2000 年左右就存在了。

密特拉神的大理石像

在 4 世纪欧洲尚未基督教化之前，古代罗马帝国的宗教是波斯的拜火教，主神是密特拉神（Mithras）。祭祀密特拉的神殿也存在于古英国，现在伦敦市长公邸的南侧还残留着相当杰出的密特拉神殿遗迹。

大英博物馆收藏的密特拉大理石像雕刻得非常精致，表现他用剑勇猛地刺进大公牛的场景。根据传说，公牛流出来的血喷到月亮上，被认为是女性月经的根源。还有一种说法是婴儿于此血中出生。

不可思议的是，密特拉神和耶稣基督之间相似点颇多。首先，密特拉神的诞生日与耶稣一样，是 12 月 25 日。耶稣在传教的过程，让病人痊愈、让盲人张开眼睛、赶走恶魔等，密特拉神也有同样的神迹。密特拉神在春分之日升天，那一天与耶稣复活的日子一致。

还有，密特拉有 12 个门徒，吃最后的晚餐，死后葬在象征女性子宫的洞穴，并且从墓中复活。这两者的共通点在比较宗教学领域引发了许多学者的兴趣。

这尊密特拉神大理石像据说是 2 世纪左右所制作的。神像与其说是波斯风貌，不如说较接近罗马风格，或许是由古代罗马人雕刻的。

伦敦博物馆也收藏密特拉神的头部石像，这是从伦敦密特拉神殿发掘出来的。两尊密特拉神的外表有共通点，都是年轻英俊的美男子。

布雷克《阿尔比恩》的诞生

在大英博物馆的版画和素描部门有多达 250 万件的作品，令人惊异，版画和素描作品虽然也设有特别展示室，但是经常开放展示的却只限于极少数的作品，大部分几乎都不对一般游客开放。庆幸的是，特定的作品，只要办理手续就可以参观。

布雷克的《阿尔比恩》(*Albion*) 是他 30 岁左右创作的水彩画。他还有一幅相同构图没有上色的版画，收藏在现在的维多利亚和艾伯特博物馆里，推定是他 23 岁左右描绘的。也就是说，大英博物馆收藏的水彩画的构图或构想，在他 23 岁左右就形成了。

布雷克年轻时，拜雕版师贝姆（Jacob Boehme）为师，经过一番苦修，才脱离学徒生涯。刚好那时他开始创作版画，而其中一幅就是《阿尔比恩》水彩画的草稿。

张开两手像十字架一样站着的阿尔比恩，表现出年轻的布雷克从长年辛苦的学徒生活中解放出来的喜悦。之后，布雷克还写了一首名为《阿尔比恩》的诗，有如下的诗句：

阿尔比恩和奴隶一起从工厂的工作站起来。

民众献上自己，跳着永远的死亡之舞。

换句话说，"永远的死亡"就是"自我毁灭"。阿尔比恩就是象征"自我毁灭"的爱。这幅画告诉我们，人在完全抛弃利己之心、为他人付出爱的时候，才是真正地活着。站起来的阿尔比恩便是灵魂觉醒的象征。

但是这幅画中，阿尔比恩脚下的大地是不可思议的混沌和失序，或许暗示着18世纪工业革命所带来的社会扭曲。布雷克以这个阴暗画面来象征他对未来的预感。附带一提的是，阿尔比恩是英国古名之一，在拉丁文中是"白垩之国"（白垩即白土或白墙）的意思，是英国诗中常出现的词语。

佛像的世界

公元前560年，佛陀出生于东印度北部喜马拉雅山麓下的释迦王室。他在菩提伽耶的菩提树下冥想、顿悟，他的教义从印度、中国传到日本。尤其是与印度相邻的巴基斯坦、阿富汗、斯里兰卡、缅甸、泰国，都有很多古代的佛教遗迹。

特别是巴基斯坦的犍陀罗（Gandhara），从公元前1世纪到公元6世纪左右，由于佛教兴盛，寺院与僧院到处可见。阿富汗也有著名的巴米扬大佛，可是几年前被破坏了。

这些地区的佛像大多以石头和黏土制成，大英博物馆所收藏的犍陀罗佛陀像是石像，这座像的手势显示它正在说法。它被推定是公元2世纪至3世纪的文物，从佛陀脸部的表情和穿的衣裳看，石像风格多少受到希腊雕刻的影响。

西方净土最崇高的神是阿弥陀佛或如来佛，净土的信仰于六七世纪在中国扩大。这是所谓的大乘佛教，是日本佛教的源流。在大英博物馆有一尊白色大理石如来佛像，推定是6世纪中国隋朝时代的文物。手的部分虽然已经佚失，但是原像应是举起右手，意味"不畏惧任何事物"；左手垂下，意味"实现你的愿望"。

这尊立像的姿态和日本飞鸟白凤时代的佛像有共通之处，本质上日本人对如来的印象是透过这种柔和的表情而来的。

在东亚，大乘佛教是主流，可是在斯里兰卡、缅甸、泰国等地，小乘佛教较为兴盛。小乘佛教的修行和戒律比大乘佛教还严格。在中世纪之前，大乘佛教出现了介于人与佛之间的菩萨信仰，博物馆展示的多罗菩萨[7]传说是观世音菩萨。这尊多罗菩萨的头部正面留有圆形的饰穴，那里嵌镶着观音像。与犍陀罗和隋朝的佛像比较，这尊多罗像闪耀着金黄色的光辉，丰满的胸部看起来与其说是神，不如说更像人。佛的世界基本上是光的世界，金光闪耀。日本的寺院，就像平泉的中尊寺金色堂一样，很多摆祀神像的地方都涂上黄金的颜色。

佛教在中国盛行，从唐朝开始，就有佛陀弟子罗汉的信仰，尤以寺

---

[7] 多罗菩萨又称为"度母"，度母的信仰在古印度时代就非常流行，现在的菩提伽耶大觉塔上还保留着多罗菩萨像。在汉传佛教中，多罗菩萨被视为观世音菩萨的化身之一。而在藏传佛教中，多罗菩萨则是观世音菩萨悲泪所化现的女性佛母。

庙入口处排列的十六罗汉为著名。大英博物馆有唐三彩的罗汉像，那尊像显现着因修行而顿悟的神情，推定是 10—12 世纪的作品。

波利尼西亚的雕刻

在南太平洋的复活节岛上，有许多巨形人像雕刻石像。这些石像雕刻据说是从公元前 10 世纪到公元 17 世纪制作的。高耸的巨石像现在还竖立在复活节岛上，仿佛俯视着大海的山丘。

这座岛的土著居民是波利尼西亚人，他们第一次接触的欧洲人是 1722 年的荷兰人罗赫芬（Jacob Roggeveen）。第二次接触的欧洲人则是库克船长，是在 1774 年。大英博物馆的摩艾巨石像现在摆在大庭院，那是 1869 年英国海军献给维多利亚女王的。

这座摩艾巨石像的正式名称是荷阿·哈卡纳纳伊亚（Hoa Hakananai'a），被认为是拟人化的造物神。这座石像是玄武岩材质，高达 2.64 米，相当巨大。英国皇家海军托帕兹号在测量复活节岛时，发现这座摩艾巨石像。

另一件有名的波利尼西亚雕刻是鲁鲁土（Rurutu）岛的阿亚（A'a）雕像。与复活节岛的摩艾巨石像比较，虽然高度只有其一半（1.17 米），相当矮小，但是却给人非常奇妙的印象。

此雕像看起来像"从池塘跳跃出来的青蛙"，据说也是鲁鲁土岛的创造神。

这件阿亚雕像听说对现代英国的代表性雕刻家亨利·摩尔[8]影响很大，就某种意义来说，这座雕刻的崭新风格的确与现代艺术有相通之处。无论如何，这座奇妙的木雕像在波利尼西亚的雕刻中，有其独特性与独创性，被评价为最优秀的作品之一。

---

[8]　亨利·摩尔（Henry Moore，1898—1986）：受原始雕刻以及毕加索影响很大，20 世纪 30 年代开始创作，是英国前卫雕刻家的第一人，作品中以横躺的女性像最为有名。

后记

　　大英博物馆 2009 年要举办开馆 250 年纪念，而从 2003 年起，馆方便开始举办种种纪念开馆的活动。1998 年随着大英图书馆的分离独立、馆内改修、千禧年与开馆 250 年纪念都恰好凑在一块儿。

　　我第一次参访大英博物馆是在 20 世纪 60 年代初期。从那之后，已经过了 40 年岁月，在这期间，我几乎每年都会去英国做研究或旅行。每回去英国，我一定参访大英博物馆，停留在英国的时候，我花最多时间待在大英博物馆的阅览室。

　　大英图书馆于 1998 年完全从大英博物馆分离之前，可说是大英博物馆的中枢，对我来说，阅览室也是最令我留恋的地方。我在那儿度过无数时间，那段时间多么幸福呀！读书读累了，就到有帕台农神殿雕刻群的杜维恩展示室、有波特兰德壶的罗马雕刻室、展示教会圣画像的中世纪欧洲展示室，以及收藏丰富凯尔特文化遗产的罗马不列颠和萨顿·胡的展示室转换一下气氛，在这些地方暂时享受静寂与自由放肆的时光，然后再回到阅览室。

　　在这 40 年间，我每次去英国，都会前往享受这么幸福的空间与时间。那里收藏着人类花了 6000 年积累起来的光辉灿烂的文明和历史遗产，以及优美艺术文化的精华。只要置身其中，就会感觉全身所有的知性与感性细胞全部苏醒过来。这样说绝对不夸张，事实上，那里是世界上种种文明的精神与灵魂苏醒的场所。

最近，包括帕台农神殿大理石雕刻群在内，许多国家纷纷向大英博物馆要求归还贵重的国家文物，大英博物馆对这些要求很头大。本书并未述及这些事情，我个人对这些问题当然很关心，但是它们并非本书所探讨的问题。如果往后有机会，我会述说我的看法。

在执笔写本书的时候，承蒙编辑部的松室彻先生、白户直人先生，还有早稻田大学讲师斋藤贵子女士的诸多协助与帮忙，在此表示感谢。

出口保夫

2005 年 4 月于镰仓

192

大英博物馆的故事

大英博物馆平面图·一楼

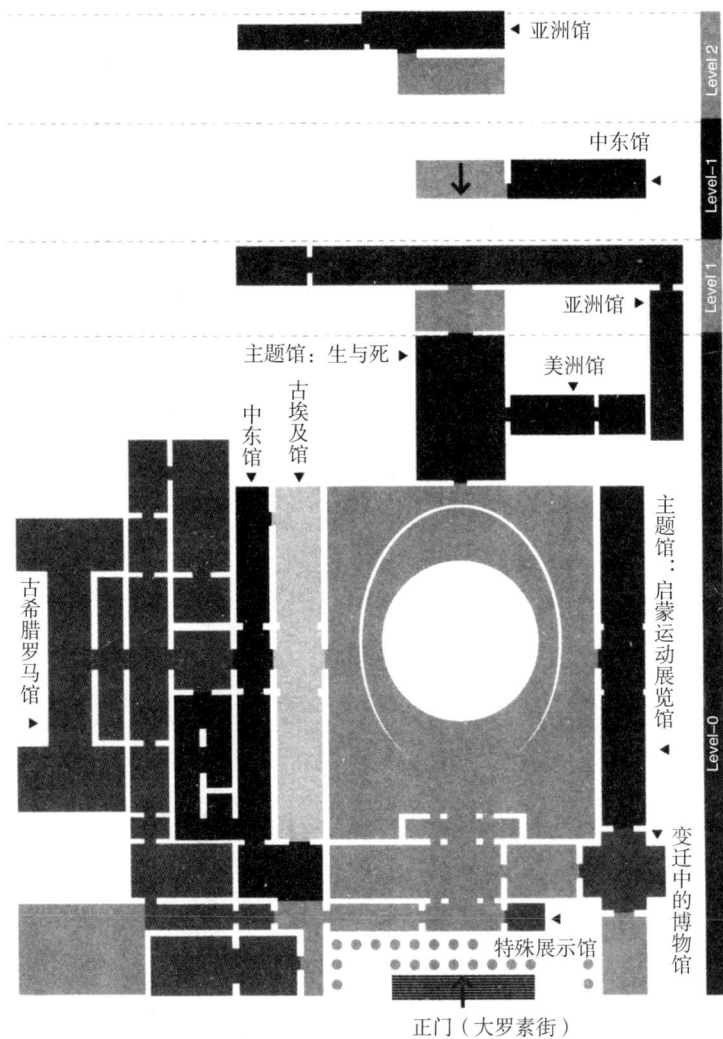

亚洲馆 ◄

Level 2

中东馆

◄

Level-1

Level 1

亚洲馆 ►

主题馆：生与死 ►

美洲馆

Level-0

中东馆 ▼

古埃及馆 ▼

主题馆：启蒙运动展览馆 ◄

古希腊罗马馆 ►

变迁中的博物馆

特殊展示馆 ◄

正门（大罗素街）

大英博物馆平面图·二楼

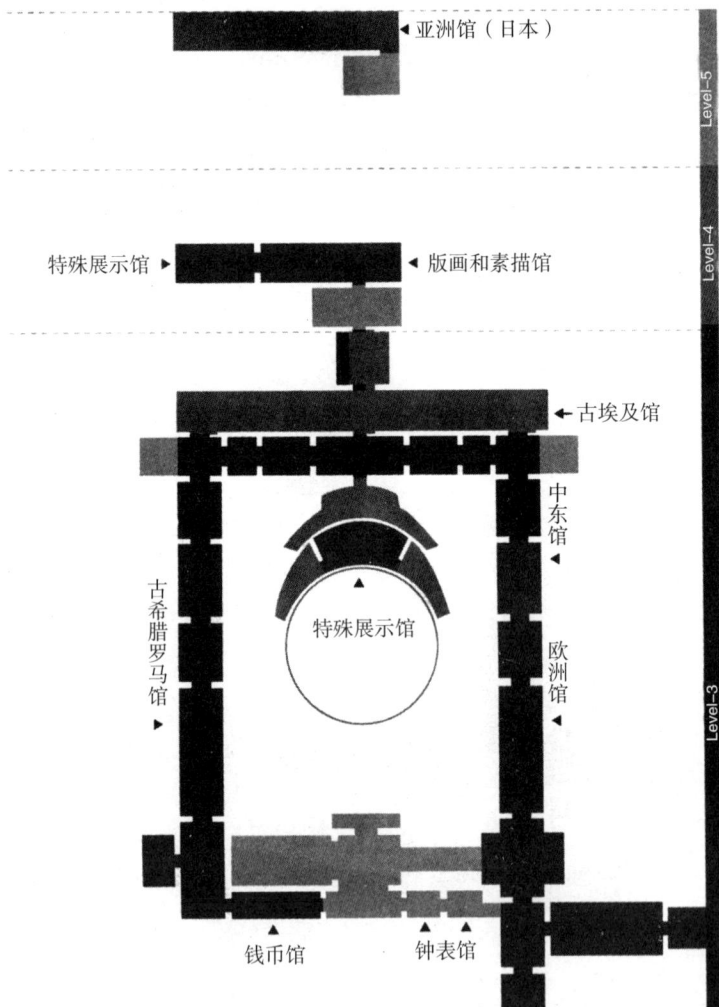

◀ 亚洲馆（日本）

Level-5

特殊展示馆 ▶ 版画和素描馆 ◀

Level-4

◀ 古埃及馆

中东馆 ◀

古希腊罗马馆 ▶

特殊展示馆 ▲

欧洲馆 ◀

Level-3

钱币馆 钟表馆

大英博物馆平面图·地下楼

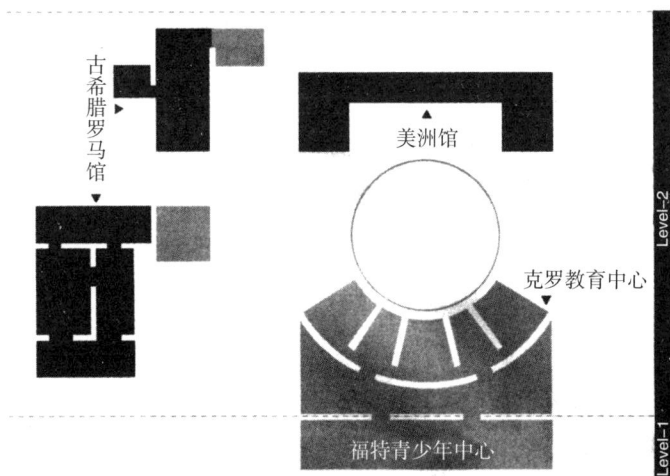

古希腊罗马馆

美洲馆

克罗教育中心

福特青少年中心

Level-2

Level-1

罗素广场

南安普顿·罗岛街

蒙塔古地街

大英博物馆

大罗素街

新牛津街

地　　址：Great Russell Street, London, WCIB3DG
开放时间：每日 10：00AM ~ 17：00PM
参展费用：免费
* 博物馆于 1 月 1 日，12 月 24、25、26 日闭馆休息
更多资讯请上大英博物馆官网：www.britishmuseum.org